Brokkenmakers in de GGz

2

Huub Janssen en drs. Titus Rivas

Brokkenmakers in de GGz

Athanasia Producties - Nijmegen

Wat interesseert mij die Huub Janssen!
Uitspraak van Karel, een sociaal-psychiatrisch verpleegkundige

Athanasia Producties, 2009

ISBN/EAN: 978-90-807795-7-0

Inhoudsopgave

Voorwoord

Knap stukje werk van Huub en Titus. Huub praat, filosofeert, denkt,
verbetert en Titus
schrijft. Wanneer Titus denkt dat het onbegrijpelijk wordt, stelt hij Huub
een verhelderende vraag. Niet teveel, want het blijft wel het verhaal van
Huub, maar ook niet te weinig, zodat de lezer het verhaal voldoende
begrijpt. Er blijft het nodige over wat de lezer aan het denken zet.
Gelijk het leven ligt de waarheid niet pasklaar op een bord. De waarheid
van Huub houdt hem bezig. Gisteren, vandaag en elke dag die morgen zal
zijn. De onvolmaakte mens die met zijn eigen kwaliteiten een eigen
waarheid nastreeft. Zoals eenieder onvolmaakt is en de weg naar het geluk
zoekt.

Als redacteur van *Ondersteboven*, het lijfblad van de Cliëntenbond in de
Geestelijke Gezondheidszorg, ken ik de kwaliteit van het ongekuiste
verhaal, diep uit het hart van een (ex)cliënt die weet dat elke goeie dag een
zegen is. Dat morgen of straks de bakens verzet worden en het leven
depressie, angst of een andere inbreuk op geestelijk welzijn kan zijn.
Die puurheid van de (ex) cliënt vormt een basis voor voorlichting,
lotgenotencontact en belangenbehartiging tussen cliënten onderling.

Voor de buitenwacht zijn de beperkingen en ziekten van (ex)cliënten vaak
niet meer dan onoplosbaar, aanstellerij, verwerpelijk en vooral niet serieus
te nemen.
De cliëntenbeweging zelf weet wel beter. Wie zichzelf respecteert, dient
respectvol om te gaan met wanen en andere, als psychisch onvolkomen
gekwalificeerde gemoedstoestanden.
Respect is de basis voor herstel. Herstel is de basis voor een gelukkig
leven.

Bert Aben

Inleidende woorden van drs. Titus Rivas

Begin 2007 vatte Huub Janssen het plan op om een autobiografie te schrijven. Het accent zou daarbij moeten liggen op zijn ervaringen met de psychiatrie.

Huub zat op dat moment al vijf jaar te 'dwangen' met een zinnetje in zijn hoofd. Hij moest steeds weer denken aan belastende woorden die een sociaal-psychiatrisch verpleegkundige een keer in februari 2002 krijsend (althans zo beleefde hij dat) tegenover hem had uitgesproken.

Als hij alleen was, kreeg hij zelfs de vaak onweerstaanbare neiging om dit zinnetje hardop te herhalen, alsof het een mantra of gebed was dat hem kon behoeden voor onheil.

De SPV-ster had volgens Huub destijds "Verwaarlozing! Dakloos worden!" gegild, waarschijnlijk om aan te geven dat dit een probleem vormde in het leven van Huub waar hij meer aandacht aan diende te besteden. Zelf was hij rond die tijd meer bezig met een denkbeeldig SOA-gevaar - denkbeeldig omdat hij zich onthield van alle seksueel verkeer. Zoals ik het interpreteer had hij genoemde verpleegkundige daar al zo vaak mee 'lastig gevallen' dat zij er niet meer tegen kon. De - als zodanig onprofessionele - telegram-achtige kreten waren volgens mijn interpretatie dus bedoeld om hem van zijn SOA-angsten af te wenden en te richten op zijn persoonlijke verzorging en huishouden.

Aanvankelijk stortte Huub psychisch in door 'het zinnetje' en slechts korte tijd later kreeg hij te maken met een hardnekkige dwangneurose omdat hij de uitspraken had opgevat als een agressief besluit van de SPV-ster om hem desnoods met geweld op straat te laten zetten.

In februari 2007 besloot Huub dat hij lang genoeg ontevreden was geweest over de hulp die de Geestelijke Gezondheidszorg hem zo'n 30 jaar lang had geboden. Met de SPV-ster had hij reeds enkele jaren daarvoor gebroken en hij bleek van zijn laatste psychiater op dat moment ook te mogen stoppen met psychiatrische gesprekken. Zijn pillen kreeg hij dan voortaan wel gewoon van de huisarts.

In dit kader werd het tijd op een systematische, chronologische manier terug te blikken op zijn psychiatrische verleden. Daarbij nam ik de taak op me om hem te interviewen en zijn herinneringen te ordenen. Ik heb ook een aantal dagboeken van Huub doorgenomen en daar wat aanvullende informatie aan ontleend.

Het resultaat is een beknopt boekje waarin de voornaamste ervaringen van Huub besproken worden, zoveel mogelijk in zijn eigen woorden en steeds vanuit zijn persoonlijke perspectief.

In 2007 kende ik Huub overigens al zo'n 14 jaar. Ik had hem leren kennen via een studiegenoot met een psychiatrische achtergrond.

Met Huub terugkijkend denk ik dat we niet mogen concluderen dat zijn ervaringen met de psychiatrie *alleen maar* negatief waren. Hij heeft er bijvoorbeeld contacten met lotgenoten aan overgehouden en nuttige medicatie die bepaalde vervelende symptomen (met name hevige angsten en paniek) gedeeltelijk kunnen onderdrukken.

Wel is het erg vreemd dat zijn persoonlijke geschiedenis vaak nauwelijks aan bod kwam tijdens de behandeling. Gegevens als het feit dat Huub als puber erg gepest werd of dat zijn homoseksualiteit niet geaccepteerd werd door zijn vader kwamen in de loop der jaren weliswaar sporadisch ter sprake. Maar dat die ervaringen wel eens de oorzaak konden vormen van zijn chronisch gebrek aan zelfvertrouwen en neiging tot paranoïde gevolgtrekkingen bleef grotendeels buiten beeld.

Hier lijken de volgende woorden van P. Schnabel en C.F.A. Milders[1] van toepassing:

"Pogingen om de problematiek van de patiënt te ontdoen van hun biografische en persoonlijke elementen, als het ware te ontdoen van hun 'waarden-volle' karakter, leiden tot pseudowetenschap, omdat wat essentieel is als bijkomstig wordt gezien. Daaruit kan niets zinvols voortkomen, theoretisch noch praktisch."

---

1 In *De Januskop van de psychiatrie: waarden en psychiatrie*, Assen: Van Gorcum, 1996.

In een aantal gevallen kregen trauma's in Huubs leven overigens wel enige aandacht, maar daarbij ging het onder meer om een nogal onbezonnen experiment in een therapeutische gemeenschap, waaruit hij uiteindelijk verstoten werd door medepatiënten.

Dat iemand met paranoïde en dwangneurotische klachten vooral gerustgesteld moet worden en dat men hem op een voorzichtige, zachtzinnige, zo men wil 'tedere' manier meer vertrouwen in zichzelf en anderen dient aan te leren, lijkt men in het geval van Huub Janssen in 30 jaar psychiatrie maar zelden begrepen te hebben.

Steeds weer krijg je de indruk dat hulpverleners meestal heel oppervlakkig, autoritair en zelfs lomp met Huub zijn omgesprongen. Verschillende keren heeft dat geleid tot een (tijdelijke) verslechtering van de situatie; hij werd dan werkelijk van de wal in de sloot geholpen en naar eigen zeggen verder psychologisch beschadigd.

Behalve met Huub heb ik in de loop der jaren ook intensief persoonlijk contact gehad met enkele andere cliënten van de psychiatrie en wat mij onder meer opvalt is dat de behandeling vaak erg gestandaardiseerd overkwam. Het ging bijna altijd om een grotendeels onpersoonlijke benadering waarbij ook nog overmatig de nadruk werd gelegd op de psychiatrische diagnose, gebaseerd op DSM III of IV, het daarbij horende schematische ziektebeeld en dan natuurlijk nog de medicatie.
Bij één gelegenheid verklaarde de behandelaar tegenover mij dat hij altijd zo snel mogelijk een diagnose stelde, ook als hij nog maar heel weinig gegevens over iemand tot zijn beschikking had!

Blijkens een artikel in *De Gelderlander* uit juli 2008 staat de GGz tegenwoordig overigens algemeen onder druk van verzekeraars om eerder tot een diagnose te komen en de behandelingen verder te vereenvoudigen. Er is volgens het artikel sprake van een 'enorme standaardisering' door de marktwerking. Voor een sociaal-psychiatrische benadering waarbij de persoonlijke geschiedenis en beleving van de patiënt veel meer aandacht krijgen lijkt alleen al om genoemde financiële redenen bijna nooit meer plaats te zijn binnen de GGz.

Als je dit beseft, ligt het voor de hand dat veel patiënten zoals Huub Janssen zich waar mogelijk onttrekken aan psychiatrische hulpverlening. Zelfs wanneer ze in principe nog verder geholpen zouden kunnen worden door een cognitieve of gedragstherapie.

Mijn eigen motief om aan dit boekje mee te werken is op de eerste plaats dat Huub een goede vriend van me is, maar daarnaast vind ik het ook een uitstekend idee van hem om een kritische autobiografie op dit gebied te schrijven. Er zijn blijkens een artikel van 2007 uit dezelfde krant erg veel misstanden in de GGz in onze regio en het is goed om die aan de kaak te stellen.
Psychiatrische patiënten zijn meer dan gemiddeld kwetsbare mensen en het is een zeer kwalijke zaak als hulpverleners daar keer op keer te weinig rekening mee houden. Het wordt natuurlijk helemaal 'van den gekke' als die hulpverleners er zelfs toe verplicht worden de belangen van patiënten te veronachtzamen.

De naam Huub Janssen is trouwens een pseudoniem, om de privacy van mijn vriend te waarborgen. Dit geldt voor alle gebruikte namen, met uitzondering van die van mijzelf.

Zoals gezegd heb ik de interviews met Huub uitgevoerd en uitgewerkt en ook de kadertjes bij de tekst zijn van mijn hand. Dit alles steeds ter ondersteuning van het verhaal van Huub Janssen zelf.

Hierbij wil ik mijn dank uitspreken aan Tilly Gerritsma en Troya Turner, voor hun kritische commentaar, en aan Anny Dirven, voor haar correcties en het meedenken over de tekst, evenals het persklaar maken van dit boekje.

drs. Titus Rivas
Nijmegen, oktober 2009

Inleiding

Huub, waarom heb je dit boek eigenlijk geschreven?
De aanleiding om dit boek te willen schrijven wordt gevormd door mijn
negatieve ervaringen met de GGz.
Die ervaringen zijn zo negatief geweest dat ik, als ik er aan terugdenk, wel
eens erg agressief word. Ik heb dan bijvoorbeeld de fantasie dat ik met een
mitrailleur naar de GGz wil gaan. Niet dat ik dat echt zou doen, maar het
geeft wel aan hoe moeilijk ik het ermee heb gehad.

Je hebt heel wat meegemaakt, hè?
Ja, dat weet je ook niet van tevoren als je ermee in zee gaat.
Ik heb trouwens nooit eerder zo'n slechte therapeut gehad als de laatste
sociaal-psychiatrische verpleegkundige die ze me hebben toegewezen.
Eigenlijk heb ik het idee dat ik in zekere zin een slaaf was van de
psychiatrie. Ik belde uit gewoonte steeds de GGz op. Die tijd is nu wel
voorbij, door schade en schande. Ik vind het hartstikke stom dat ik er
ingestonken ben, in al die zogenaamde hulpverlening.
Ik ben er achtergekomen dat de psychiatrie iets beangstigends is.
Bijvoorbeeld wat mijn laatste psychiater Ivo Patiënt zei over die suïcides;
hij is zo'n mafkees. Hij zei dat je kon verwachten dat er van de
psychiatrische patiënten die ik kende heus nog wel meer zelfmoord
zouden plegen.
Die man is gewoon niet geschikt voor zijn baan. Een derderangs
psychiater.

De tijd van hulp van de GGz is echt voorbij voor jou?
Een vriend van mij heeft het de laatste jaren steeds gehad over
psychiatrische hulp; daar verwijst hij altijd naar. Hij wil me altijd
therapeuten aansmeren, terwijl ik daar geen behoefte aan heb. Ik heb geen
behoefte aan dat soort gesprekken met hulpverleners van de GGz. Ik ben
een "ex-GGz-er".
Mijn vrienden David Slaghers en Paultje hebben er voor gezorgd dat ik

weg kon bij die GGz.

Als het nu goed gaat, dan komt het eigenlijk door die goede vrienden. Dokter Diederen heeft 20 jaar geleden al gezegd: Wat heeft het RIAGG je nog te bieden?

Ik lijd in het algemeen aan een angst voor controleverlies en die doet zich ook op dit punt gelden.

Ik heb al meer dan eens akelige dingen meegemaakt die me het gevoel gaven de controle te verliezen, zoals schokkende uitspraken van mijn vader over verstoting door de maatschappij, maar ook daadwerkelijke verstoting door mensen in de inrichting van Santpoort, en gepest door kinderen op straat.

Er stond in de krant gelukkig wel dat mensen die vervelende dingen hebben meegemaakt toch weer een mooi leven kunnen opbouwen.

Op zich vind ik het een wonder dat ik nu weer naar de stad kan gaan en van alles kan doen.

Nu beweerde mijn broer onlangs ook nog dat ik er beter aan toe was dan tien jaar geleden op de Beukenhoek, een afdeling van het voormalige Psychiatrisch Centrum Nijmegen (PCN), die nu simpelweg als GGz bekend staat. Toen was ik heel erg passief, heel erg verstijfd door de Impromen. Het is zo'n enge omgeving, dat PCN. Ik snap ook niet dat ze daar poliklinische gesprekken hebben, in de psychiatrische inrichting zelf.

Hoe heb je die tijd dat je psychiatrische hulp kreeg ervaren?
Ik had niet zo lang opgenomen willen worden. Zelfs in zo'n inrichting kun je nog terugvallen trouwens. Er is geen garantie dat het niet gebeurt. Ik ben in die eerste periode een keer bijna drie en een half jaar aan een stuk door opgenomen geweest - dat is veel te lang geweest - van augustus 1980 tot april 1984. Namelijk in het Canisius Ziekenhuis, Santpoort en Venray. Ik heb wel zeven psychoses gehad in mijn leven.

Iemand met geld gaat niet naar het RIAGG. Zoals Prins Claus; die krijgt een hoogleraar van de Radboud.

De kern van de zaak is voor mij dat ik behandeld ben als een nummer, als een psychiatrisch geval.

Een mens maakt in zijn leven soms veel trauma's mee.

Hoofdstuk 1. Jeugdjaren.

Wat weet je nog van je vroegste jeugd, wat in dit verband relevant zou kunnen zijn?
Ons gezin – vader, moeder, en vier zoons - woonden in een grote stad in Limburg. Toen ik geboren werd, was het nog een dorp, een zelfstandige gemeente, maar na enkele jaren werd het een wijk van een stad. Het was er een beetje als in het liedje 'Het Dorp' van Wim Sonneveld, een beetje dorps en achtergebleven.

Ik weet er niet veel meer van. Het zijn vooral losse herinneringen.
Ik weet nog wel dat ik 12 jaar op jongensscholen heb gezeten.
Voor mijn eerste communie kreeg ik een horloge, maar ik weet er niet veel meer van. We hadden op school veel contact met de pastoor.

Toen ik een kind van 10 was, heeft een buurman een keer gezegd dat het slecht met mij zou aflopen. Ik weet niet of hij dat als grapje bedoelde, want dat kon ik toen niet goed onderscheiden. Dat heb ik pas de laatste paar jaren leren begrijpen; ik bedoel: grappen.
Ik ben niet seksueel misbruikt of zo, maar als 17-jarige ben ik wel een keer met opzet tegen mijn testikels getrapt. Dat is me wel bijgebleven.

Hoe zat het met de sociale contacten als kind?
Ik had de eerste acht jaar wel vriendjes met drie meisjes en een jongen uit de buurt.
Toen we verhuisd waren heb ik maar één vriend gehad. Daarbuiten heb ik 10 jaar lang geen vrienden gehad.
Later, in 1978, als student heeft mijn enige vriend uit die tijd me een marihuana-sigaret laten roken met alcohol erbij, zodat ik psychotisch ben geworden, mijn tweede psychose.

Middelbare school en vroege volwassenheid

Hoe was je tijd als middelbare scholier?
In mijn middelbare schooltijd, toen ik op het Bisschoppelijk College zat (gymnasium), werd ik op straat gepest door drie jongens, waaronder de zoon van onze huisarts en de zoon van een directeur van een fabriek. Het was zo erg dat ik bij de conrector moest komen. Je had een intercomsysteem in het Bisschoppelijk College. Dat is een keer gebruikt voor mij, toen moest ik naar de conrector.

Ik was in die tijd heel erg verlegen en overgevoelig. Ik zei bijvoorbeeld in de pauzes nooit iets; ik was heel stil. Ik had een minderwaardigheidscomplex en ben mede om die reden gymnasium gaan doen, om dat te compenseren dus.

In de eindexamenklas had ik wel een vriend, een zoon van een politieman uit Nijmegen, die klassieke talen is gaan studeren en later naar pedagogiek is overgestapt. Die heb ik nog gevolgd tot en met zijn doctoraalfuif.

Ik was een echte streber op de middelbare school en had weinig hobby's naast het leren. Wel heb ik klarinet leren spelen in die tijd en dat kan ik nog steeds wel aardig. Alleen is mijn klarinet al jaren stuk.

Je hebt een overwegend homofiele oriëntatie. Wisten je ouders daar toen al van?
Ik was een jaar of 16 toen men ontdekte dat ik homoseksuele gevoelens had. Ik werd toen een keer verliefd op school. Mijn jongere broer Teun pakte mijn dagboek bij wijze van kwajongensstreek en las daarin dat ik die gevoelens had. Hij ging dat aan de kaak stellen, want hij accepteerde het niet. Hij vertelde dat tegen mijn moeder. Zij zei dat het allemaal zo erg niet was. Teun wou er een schandaal van maken, maar dat is hem niet 'gelukt', want mijn moeder was best ruimdenkend.
Ze wou alleen wel dat ik een vaste vriend had. Ik heb wel een tijdje steun van haar gekregen, maar dat hield op toen zij zelf psychisch in de war raakte, eind jaren '70.

14

Het werd toen nog niet verteld tegen mijn vader. Die hoorde er pas wat van toen ik al studeerde, toen ik 19 of 20 was. Ik was inmiddels naar Nijmegen gegaan. We hebben toen ruzie gemaakt aan de telefoon. De dag erna kwam hij speciaal naar me toe om me de les te lezen en toen was het van: 'De hele maatschappij verstoot je, het [de homowereld] is moord en doodslag, je studie heeft geen zin, je krijgt nooit een baan,' etcetera.

Mijn vader heeft het nooit als zodanig geaccepteerd. Zijn laatste vriendin, Mia van Winschoten, met wie hij een relatie kreeg nadat mijn moeder was overleden, overigens wel.

Van mijn 19e tot mijn 29e ben ik met mannen naar bed gegaan, daarna eigenlijk niet meer. Daarna heb ik nog wel eens voorzichtig geknuffeld met iemand, maar niet meer zo veel. Ik heb toen ook nog op mijn flikker gekregen van een vriend van me, Henk van Binnen, want ik deed volgens hem aan promiscuïteit.
Toen ik op deze flat kwam te wonen, zo'n 20 jaar geleden, ben ik het gaan afdempen. Toen
heb ik het niet meer zoveel gedaan. Ik dacht: 'Ik moet nou netjes zijn, want ik heb nu een flat.'

Vertelde je je vader misschien over je homoseksuele gevoelens om hem te provoceren of choqueren?
Nee, dat deed ik omdat een begeleider bij de homopraatgroep waar ik toen in zat, een rode flikker, in 1976 had gezegd dat ik het tegen mijn vader moest vertellen. Ik studeerde toen geschiedenis.
Maar het heeft me de vernieling in geholpen, want daarna heb ik jaren in de psychiatrie gezeten.

Ik belde hem op om hem te zeggen dat ik homo was, en toen is hij de dag erop speciaal daarvoor naar Nijmegen gekomen, om mijn homo-activiteiten 'stop te zetten'.
Mijn vader zei de dag na mijn coming out bij mij op de flat, zoals ik al zei: 'De hele maatschappij verstoot je en de studie heeft geen zin; je krijgt geen

baan. (Dat kreeg ik toch al niet, want met mijn studie geschiedenis krijg je over het algemeen geen baan.) Het is moord en doodslag [in de homowereld]. Je wordt doodongelukkig."

Wat dit betreft heeft die praatgroep me dus in de problemen geholpen, hoewel ik er verder wel wat aan gehad heb. Ik ben er opener van geworden.

Mijn vader was hevig geëmotioneerd over mijn 'bekentenis' en ik werd daar gek van. Niet psychotisch, maar wel 'gestoord', helemaal overstuur. Mijn vader was trouwens overspannen op dat moment vanwege dingen op zijn werk
.

De manier waarop wat mijn vader had gezegd bij mij aankwam legde de basis voor mijn eerste psychose. Die vond trouwens pas vijf maanden later plaats. Ik had toen contact met een studentenarts die kort daarop op vakantie ging, en dat kon ik niet aan, want ik was afhankelijk van de gesprekken met hem. Dat waren de omstandigheden destijds, maar het vormde niet de eigenlijke reden van mijn psychose.

Wat was dan wel de reden?
De eigenlijke reden is volgens mij dat mijn vader me niet begreep, dat ik geen wenselijk gedrag vertoonde en dat hij erg teleurgesteld was in mij. Hij ging tekeer op de studentenflat in Nijmegen, hoewel niemand dat verder heeft kunnen horen Ik werd gek van mijn vader, want ik was op dat moment nog 'symbiotisch' met die man, ik bedoel: nog te afhankelijk van hem. Ik dacht dat hij me verstoten had, maar dat was een waan.

We kregen hier echt ruzie over. Ik ging me terugtrekken uit de familie, omdat ik zo geschrokken was van de agressieve reactie van mijn vader. Ik was bang voor die man geworden. Hij was in mijn gedachten mijn grootste vijand. Ik voelde me helemaal alleen op de wereld, helemaal door iedereen verstoten. Mijn weinige vriendschappen waren eenrichtingsverkeer.
Door dit alles ging ik verpieteren.

Het was dus traumatisch wat er gebeurde met je vader?
Ja, zeker!

Ik heb later ook nog contact gehad met een studentenpsychologe, maar ben later toch psychotisch geworden. Als je te ver heen bent, helpt alleen ambulante hulp nu eenmaal niet.

Mijn vader wist op dat moment nog van niets. Hij wou me eigenlijk helpen, maar hij deed dat op een verkeerde manier. Ik dacht echt dat hij me verstoten had.

Toen ben ik me eerst terug gaan trekken van de familie. Mijn ouders kwamen alleen nog wel eens 's zaterdag bij me op bezoek. Mijn broertje lag op dat moment namelijk in het Radboud Ziekenhuis met jeugdreuma.

Ik heb in die tijd ook vijf maanden achter elkaar extra hard gestudeerd om aan te tonen dat mijn vader geen gelijk had over mijn studie.

Ik was contactarm, contactgestoord, vergelijkbaar met hoe ik op de middelbare school was geweest. Ik kreeg ongeveer maar één keer per jaar bezoek, namelijk van kennissen op mijn verjaardag. Toen ben ik vereenzaamd, ik zocht wanhopig naar contacten.

En dat werden dus vooral seksuele contacten?
Ja, een stuk of 30, om die eenzaamheid te compenseren. Ik voelde me erg rot in die tijd.

Hoe is het uiteindelijk echt misgegaan met je?
Ik was een keer in 1976 met de latere penningmeester van de daklozenopvang *Het Kasteeltje* naar een film van Macbeth geweest en ik draaide helemaal door van de bloederige film. Dat was net in die periode dat de studentenpsycholoog op vakantie zou gaan.

De eerste psychose, maar het ging slechts om een aanleiding. De echte reden bestond zoals gezegd uit de traumatische botsing die ik met mijn vader had gehad, verder uit mijn eenzaamheid en ook nog alle stress omdat ik extra hard had gestudeerd na die botsing.

In die tijd kwam ik een onbekende psychologiestudent tegen in een studentenflat in de wijk Vossenveld (van de studentenhuisvesting) en die zei dat ik schizofreen was. Hij zei letterlijk: 'Jij bent schizofreen'.

Ik werd manisch in die periode. Ik werd om die reden door een ganggenoot naar mijn ouders thuis gebracht. Daar ben ik in de vijver van mijn vader gesprongen, waar op dat moment geen water in zat. En ik leed aan achtervolgingswanen.

Er was ook een keer een fanfare-auditie voor mijn broertje Jan die daar bij zat en jeugdreuma had in die periode. En in diezelfde tijd ben ik ook psychotisch geworden, daarom weet ik dat nog zo goed.

Ik werd zoals ik al zei door een ganggenoot naar mijn ouders thuis gebracht. Toen werd de compagnon van de huisarts erbij gehaald en nadat ik gezegd had dat ik vereenzaamd was in de studentenwereld, zei hij: 'Ja, maar er zijn toch disputen.' Hij had zelf tien jaar over zijn studie gedaan. Maar ik ben gewoon echt vereenzaamd in die studentenwereld.

Dus dat waren de problemen in die tijd: je was verstoten, je was eenzaam en je blokte heel hard?

Ik *was* niet verstoten, maar ik *voelde* me wel verstoten. Mijn vader was voor mijn gevoel mijn grootste vijand. Ik mocht in die beginperiode ook niet meer thuis wonen, niet meer terug naar 'het nest'. Mijn vader vond dat namelijk geen goed idee en hij zei dat mijn problemen aangepakt moesten worden in de psychiatrie.

Mede daardoor hield ik afstand van de hele familie. Ik legde een link tussen de houding van mijn vader, dat wil zeggen mijn interpretatie van zijn houding, en de rest van de familie.

Mijn moeder zei: 'Het ligt aan jezelf, want je wou niet komen.'

Maar mijn vader had dat echt nooit zo mogen zeggen, van: 'De hele maatschappij verstoot je'.

Bovendien heb ik in mijn studententijd ook echt armoede geleden doordat mijn vader me geen toelage gaf. Ik moest rondkomen van een minimale beurs, dus dat verergerde de boel nog verder. Ik was niet gewend om voor mezelf op te komen en het geld, waar ik volgens de maatschappij gewoon recht op had, gewoon op te eisen van mijn vader. En, zoals ik al zei, was onze band toen ook nog eens slechter dan normaal.

Hoe kwam dat, denk je, dat je toen in die periode zo vereenzaamde, Huub?
Dat ligt aan de middelbare schoolperiode, omdat ik toen geen sociale contacten had. Alleen maar boeken lezen, en voor de rest geen enkel sociaal leven.

Ik heb heel lang contact gehouden met klasgenoten die net als ik naar Nijmegen gingen. Ik kreeg zoals gezegd maar één keer per jaar bezoek van kennissen; op mijn verjaardag. Het was praktisch allemaal eenrichtingsverkeer, die contacten, het ging bijna alleen van mij uit. Ik zocht wel contact met mensen, maar bijna nooit andersom.

Ik heb eerst een jaar rechten gestudeerd en toen pas geschiedenis. In dat eerste jaar woonde ik bij een hospita in Lent. Toen ging het nog goed. Ik kan niet goed tegen studentenflats. Daar komen teveel mensen, er is teveel drukte.

Ik ben in 1978 ook een tweede keer doorgedraaid. Ik had een veel te groot gangfeest gegeven voor mijn verjaardag, met 15 kennissen en 15 mensen van de gang. Een vriend van me had me marihuana, in de vorm van een sigaret of joint, toegediend (ik had al wel eens eerder geblowd) terwijl ik al veel alcohol op had en dat combineerde niet. Dat was het einde van het studentenbestaan, in 1978. Toen ben ik namelijk zo ziek geworden dat het jaren duurde voordat ik er een beetje overheen was.

In die begintijd raakte ik trouwens nog bevriend met een student, Joost Molenaar. Joost is later een bekende Nederlander geworden, onder andere als hoogleraar bestuurskunde. Hij heeft me opgevangen als ik het moeilijk had en zich echt voor me ingezet. Jammer genoeg kan hij door zijn drukke

19

bestaan tegenwoordig nauwelijks meer tijd voor me vrij maken.

Wie de woorden 'homoseksualiteit' en 'Roermond' hoort, denkt bijna automatisch aan de conservatieve Joannes (Jo) Gijssen die er in 1972 bisschop van Limburg wordt en dat tot 1993 blijft. Niet dat Gijssen zelf homoseksueel zou zijn geweest, maar zijn consequente afwijzing van homoseksualiteit is berucht.

Zou het regime van Mgr. Gijssen de ontzette reactie van de vader van Huub Janssen kunnen verklaren toen deze hem vertelde dat hij homoseksuele gevoelens had? Dat ligt niet voor de hand. Allereerst was men weliswaar rooms-katholiek bij Huub thuis, maar niet bijzonder trouw aan de leer van de Kerk. Toen Huub zelf uit de kast kwam, was Gijssen bovendien nog maar zo'n drie jaar bisschop. Het zou dus vreemd zijn als uitgerekend Gijssens conservatieve gedachtegoed zijn vader zo negatief had gestemd over homo's.

Het ligt meer voor de hand dat men in het Limburg aan het begin van de jaren '70 (ten tijde van
Huubs *coming out*) beduidend conservatiever over dit soort onderwerpen dacht dan tegenwoordig. Dit geldt trouwens niet alleen voor Limburg, maar voor heel Nederland. Om maar een representatief feitje te noemen: pas in 1973 werd het homo's toegestaan in het Nederlandse leger te werken. Tot die tijd werden ze daaruit geweerd met de classificatie S-5, dat wil zeggen dat ze psychisch instabiel zouden zijn. Homoseksualiteit is ook door de officiële psychiatrie nog tot in de jaren '70 geproblematiseerd. Pas in die tijd werd het geschrapt uit het psychiatrisch handboek DSM. De heftige reactie van meneer Janssen op de onthulling van zijn zoon Huub moet daarom vooral geplaatst worden in een tijd waarin homoseksualiteit nog heel vaak als afwijking en probleem werd gezien, of waarin men nog maar nauwelijks had afgeleerd om er zo tegen aan te kijken.

Hoofdstuk 2. Eerste opnames

Wanneer kwam er voor het eerst psychiatrie aan te pas?
Op mijn 20ste ben ik naar de afdeling psychiatrie van het ziekenhuis in
Roermond gegaan. De studentenarts wou me in Huize Padua in Boekel
hebben, de eerste keer dat ik doordraaide. Toen heeft mijn vader me
echter, in 1976, naar het Mgr. Driessen Paviljoen gebracht in Roermond,
terwijl ik in Nijmegen ziek geworden was. Dat is geen goede kliniek. Er
was een enge psychiater met een uilenkop waar ik geen vertrouwensband
mee kon opbouwen en tegen wie ik niets kon vertellen.
Hij woonde recht tegenover een homobar. Hij werd helemaal knalrood
toen hij me zag, waarschijnlijk omdat ik er zo erg aan toe was.

Hoe waren je contacten in de studentenflat?
Ik kan me niet herinneren of ze me in de maling namen op de studentenflat
toen ik op Vossenveld woonden, maar ik werd er niet gepest. Alleen zei
iemand wel: "Krijg de tering" tegen me toen ik psychotisch was.

Heb je ook fijne ervaringen gehad in die tijd?
Ik werd een keer verleid op de studentenflat. Er was een homofiele student
pedagogische academie en die was korporaal geweest in het leger; die
heeft me een keer verleid. Ik werd heel gespannen van zijn aanrakingen,
van die vrijages. Ik had in die tijd nog niet zoveel seksuele contacten
gehad. Hij is later ook in het Mgr. Driessen Paviljoen in Roermond op
bezoek geweest met boekjes van de schrijver Havank. Ik heb hem later
nog een keer gesproken in Café Groenewoud en dat was wel leuk.

Maar je bent er wel lang gebleven?
Ik heb er vijf maanden intern gezeten.
Overigens ben ik al gauw weggelopen uit dat ziekenhuis en toen ben ik
terug naar Nijmegen gegaan. Drie dagen later kwam mijn vader me halen
en toen zijn we langs alle bordelen van Limburg gereden. Dat was
waarschijnlijk toeval, maar er was voor mijn gevoel wel een verband met
heteroseksualiteit. Uiteindelijk ben ik weer met geweld teruggebracht naar
het Mgr. Driessen Paviljoen.

Mijn vader kwam er trouwens iedere dag langs om de baas over me te spelen.

Hoe bedoel je dat?
Hij domineerde me. Als er andere bezoekers kwamen, domineerde hij de gesprekken en snoerde hij me de mond. Ik verstopte me zelfs een keer voor hem, toen hij langs kwam. Dat maakte hem toen kwaad.

Kun je wat meer vertellen over de hulpverlening in die tijd?
Aan Roermond heb ik niets gehad. Het was een slechte kliniek waar je overgedrogeerd werd met medicijnen. Ik was een gesloten boek, want ik vertelde niets over homoseksualiteit. Ik zat in een gespreksgroepje met een uitgetreden non en een automonteur. En de begeleider vond mij een stuk onbenul omdat ik niets vertelde. Moest ik daar mijn ziel en zaligheid aan vertellen? Dat kon toch niet?

In Roermond kon ik nergens over praten, want de psychiater was de handlanger van mijn vader. Hij was trouwens ook de psychiater van mijn moeder, die namelijk ook een psychiatrische achtergrond had.

Mijn vader had het zich allemaal erg aangetrokken. Ik was in de macht van die psychiater. Hij roddelde met mijn vader over mij, onder andere dat ik onbetrouwbaar was omdat ik mijn tentamens uitstelde.

Hoe ging het verder toen je vader je terug had gebracht naar het Mgr. Driessen Paviljoen?
Toen ik daar weggelopen was, hebben ze me voor straf in de isoleercel gestopt. Ik heb toen wel de boel bij elkaar geschreeuwd.

Ik liep daar weg omdat ik er allemaal mensen onder de pillen zag, en ik voelde me daar niet op mijn gemak. Je kreeg er alleen pillen om je rustig te houden, en de therapie kwam neer op activiteiten als de krant voorlezen en gymnastieken. Ze wisten niets van mijn homoseksualiteit, want ik was heel gesloten.

Hoe ging het verder na je eerste opname in het Mgr. Driessen Paviljoen?
Daarna bleek mijn studentenflat op Vossenveld opgezegd door mijn vader,
wat niet zo erg was trouwens, want die lag helemaal in de wijk Hatert, best
wel ver van het centrum van Nijmegen. Ik heb toen zelf met een medische
indicatie een kamer geregeld op Hoogeveld, dicht bij de universiteit. Daar
had ik trouwens wel een slechte, lawaaierige kamer vlak bij de telefooncel
en keuken, maar alles bij elkaar heb ik er toch zo'n anderhalf jaar gezeten,
van 1976 tot 1978.

Daar ging het ook anderhalf jaar goed, totdat ik een groot verjaardagsfeest
gaf, een gangfeest.
Een student uit die tijd liet me, zoals ik al eerder heb gezegd, een
marihuana-sigaret roken met alcohol erbij, zodat ik psychotisch ben
geworden, mijn tweede psychose. Ik belandde zoals gezegd in het
Nijmeegse Canisius Ziekenhuis.

Psychiater dr. Pietersen van het Canisius Ziekenhuis heeft me echt
mishandeld in de psychiatrie. Hij heeft me opgesloten in de separeer, in
een hok, en vastgebonden op een bed. Hij heeft allerlei dwangtoestanden
gebruikt, en me vol gestopt met sordinol wat ik niet kon verdragen. Ik
vind hem een criminele psychiater. Hij was een man van de oude stempel.
Een meisje, dat met mij in die tijd opgenomen was en op dezelfde manier
behandeld werd, heeft later zelfmoord gepleegd. Zij was manisch
depressief.

Toen dr. Pietersen me opgesloten had, eiste ik mijn ontslag. Vervolgens zijn mijn ouders me komen halen. Ik heb een week in Roermond gezeten en uiteindelijk ben ik weer opgenomen in het Mgr. Driessen Paviljoen, dit keer vrijwillig.

Waar had je psychisch gezien in die tijd vooral last van?
Van paranoïde gedachten. Mijn achtervolgingswaanzin overviel me vooral als ik in de trein zat. Dan dacht ik dat ze achter me aan zaten.

Hoe zit de chronologische volgorde nu precies in elkaar?
Ik ben eerst van Roermond teruggegaan naar Nijmegen. Daar ben ik na verloop van tijd twee weken in het Canisius Ziekenhuis opgenomen, in 1978, en daar is mijn vader me komen halen, toen heb ik een week bij mijn ouders gelogeerd.

Uiteindelijk ben ik weer terug naar Hoogeveld gegaan en daar ben ik in 1978 en 1979 met een tussenperiode van 6 weken twee keer drie maanden opgenomen geweest in Venray. De eerste keer ging dat van mezelf uit; ik voelde me depressief en dacht dat ze daar iets aan konden doen in Venray. Ik had het er echter niet naar mijn zin, want ik kwam er tussen de oude mannetjes terecht.
De psychiater zei: 'Je hebt er gezelschap', maar dat gezelschap wou ik niet..

De tweede keer dacht een maatschappelijk werkster van de Sociaal Psychiatrische Dienst dat ik mezelf aan het uithongeren was en die heeft me toen linea recta, hals-over-kop terug naar Venray gestuurd.
Ik kreeg er te maken met psychiater dr. Grebbenberg die me 'begroef' onder de haldol. Veel te zware medicijnen waar je nog gekker van wordt. De klassieke behandeling met hele zware medicatie. Ze begonnen er altijd met haldol.

Weer later, in augustus 1980, ben ik opnieuw een tijd opgenomen geweest in het Canisius Ziekenhuis, voor een periode van vijf maanden dit keer. In feite was dat veel prettiger, omdat ik gewoon in Nijmegen bleef, dichter bij mijn eigen omgeving.

Had je dat allemaal echt nodig voor je eigen gevoel?
Ja, ik had wel een opname nodig. Alleen ben ik zo stom geweest om me na de eerste opname in het Canisius een paar maanden later in Venray te laten opnemen. Dat is van de regen in de drup geweest, daar word je nog gekker van. In Venray heb ik zoals ik al zei twee keer drie maanden gezeten. Ze hebben er niets aan mij gedaan.

De tweede keer had ik zoals gezegd een maatschappelijk werkster van de SPD (sociaal-psychiatrische dienst) verteld dat ik niet meer at. Die heeft me toen halsoverkop naar Venray gebracht. De huisarts schreef blindelings een verwijzing uit, zonder me gezien te hebben. Toen dachten anderen dat ik in Wolfheze had gezeten.

Waarom kon je niet gewoon terug naar huis, naar je ouders?
Mijn ouders konden het niet aan hoe ik er toen aan toe was. Ik kon het ook niet aan om toen zelfstandig te blijven wonen. Ik was heel erg in de war en paranoïde.
Om een voorbeeld te geven, uit de tijd van de eerste opname, van hoe ik er aan toe was: ik ben in die tijd een keer op bezoek gegaan bij een tante in Swalmen en toen stonden de boeren met rieken te dreigen.

Hoe ging het verder in Venray?
De fout is geweest dat ik dat half jaar in Venray heb gezeten. Ik werd er alleen maar gekker door de behandeling van dr. Grebbenberg, waaronder de zware medicijnen, zoals haldol, die ik daar kreeg. Daarmee hebben ze me alleen maar gekker gemaakt. Daarom wou ik in 1980 niet meer naar Venray en daarom ben ik uiteindelijk naar het Canisius Wilhelmina-Ziekenhuis gegaan. Ik was volgens dr. Grebbenberg trouwens 'een te zwaar geval' voor het Canisius.
Ik had er nog wel therapeutische gesprekken met een psychiater, ene dr. Kriebels. Hij zei onder andere dat homoseksualiteit een voorbijgaande fase kon zijn.

Het was het beleid van dr. Pietersen van het Canisius Wilhelmina Ziekenhuis dat je doorgestuurd werd naar een kliniek. Mensen die psychotisch werden, werden jarenlang opgesloten in zo'n kliniek. Men wou mij in 1978 naar de Welterhof in Heerlen sturen. Maar daar ben ik gelukkig aan ontsnapt, hoewel ze me in die periode nooit hebben verteld dat ze me naar die inrichting wilden sturen.

Mijn moeder heeft daar later zelf gezeten. Mijn ouders hebben me pas jaren daarna verteld dat men had overwogen mij naar de Welterhof te sturen. (Later kreeg ik van de zus van een vriend van me te horen dat die inrichting in feite minder erg was dan Santpoort, waar ik uiteindelijk zou belanden, maar nu loop ik op de dingen vooruit.)

Je hebt me wel eens verteld dat je bij tijden opgesloten werd, in die inrichtingen. Hoe zit dat?
Ik werd opgesloten in een separeercel omdat het toen het algemene beleid was in de omgang met manisch-psychotische mensen en zo was ik toen ook gediagnosticeerd. (Later zouden ze daar op teruggekomen, toen kreeg ik de diagnose 'paranoïde schizofreen, dwangneurotisch en hallucinatoir'.)

Een *separeercel* is een gewone kamer met een ziekenhuisbed erin. Een *isoleercel* is een echte cel met een matras en daarbij moet je een 'scheurhemd' aan hebben, van stof (dat ik overigens ook echt kapot scheurde). Je krijgt een papieren broekje aan en ze geven je een pispot om je behoefte op te doen.

Ik had niet eens een WC zodat ik om wraak te nemen de poep tegen de muur had gesmeerd in het Canisius. Dat zag de assistente van dr. Pietersen en die vond me een viezerik. Ik moest het zelf allemaal schoonmaken.

Ze hadden me er meteen bij aankomst vastgebonden om me te kalmeren. Ze hebben dit tijdens de eerste opname in het Canisius Ziekenhuis wekenlang voortgezet en op het laatst eiste ik mijn ontslag, want ik wilde niet dat ze me zo behandelden.

Er was in de separeer ook een soort opgelegde therapie. Ik moest op eigen kosten rieten mandjes maken. Je moest zelf het materiaal betalen.

Er werden overigens tijdens de tweede opname in het Canisius een rieten mandje van me gestolen dar ik een jaar eerder in Venray bij de arbeidstherapie had gemaakt, evenals een wekker die ik bij de Hema had gekocht. Toen zei de hoofdverpleger: "Dat hoort bij de secundaire arbeidsvoorwaarden van de verpleging."

Dus je had toen te maken met echte 'brokkenmakers'?
Die dokter Pietersen was gewoon gek. Ik was te druk en ik kreeg de verkeerde pillen, sordinol, een verouderd medicijn dat hij iedereen voorschreef.

Dat vind ik helemaal misdadig van die man. Later kreeg ik ambulante hulp van ene Pillendoos en die gaf Pietersen de schuld van allerlei ellende. Maar Pietersen heeft dat zelf ontkend.

Ik moest een *persoon* worden zeiden ze in het Canisius Ziekenhuis, dat wil zeggen dat ik mijn positieve en negatieve eigenschappen moest ontwikkelen. Maar ze hebben me zoals later zou blijken juist helemaal afgebroken.

Een hele tijd later kwam ik Pietersen nog tegen op het politiebureau en toen gaf hij de inrichting in Santpoort de schuld van mijn problematiek.

Ambulante hulp was toen geen optie?
Dat had ik, maar dat werkte niet. Dat was niet genoeg. Er was ook een jonge arts van de RIAGG die zei: 'Spoel al die pillen maar door de WC'. Dus daar had ik te weinig aan. Het is mijn ervaring dat de ambulante hulp geen psychosen kan voorkomen, als je persoonlijke omgeving niet goed is. Dan heb je niks aan een therapeut.

Wouter Kusters beschreef in het boek *Pure Waanzin,* uitgebracht in 2004, zijn eigen psychotische ervaringen. Naar aanleiding daarvan interviewde men hem voor De Leeswolf. Eén van zijn beschouwingen daarin luidt:

"Blijkbaar rommelt men op de meeste plaatsen nog steeds maar wat aan.
Wie 'overlast' bezorgt – een term die tegenwoordig in Nederland erg
populair is - , die gaat al gauw naar de isoleercel. Ik sprak laatst met een
psychiatrisch verpleegkundige die beweerde dat de situatie ondertussen
toch wel heel anders is dan in de tijd van mijn psychose. Mensen zouden
tegenwoordig alleen in een isoleercel worden gestopt als ze zelf aangeven
dat ze *separeerbehoeftig* zijn. Op mijn vraag op welke manier mensen dat
dan aangeven, antwoordde de verpleegkundige: 'wij zien dat'. Dat is nu
precies wat ik aanklaag: *zij* denken te weten wat je wil, *zij* lezen jouw
symptomen af."

Hoofdstuk 3. Santpoort

Uiteindelijk ben je naar Santpoort gestuurd. Hoe ging dat?
De psychiater van het Canisius Ziekenhuis, dr. Vlapdrul, zei tijdens de tweede opname daar dat ik een 'persoon' moest worden in Provinciaal Ziekenhuis Santpoort, op de psychiatrische afdeling voor volwassenen, Rijnland. Daar bedoelde hij mee dat aan 'ik-zwakte' leed en te weinig assertief was.

Ik moest voor psychotherapie naar een therapeutische gemeenschap. Maar in plaats van dat ik een persoonlijkheid werd, is mijn persoonlijkheid juist helemaal vernietigd.

In het begin ging het trouwens wel goed. Op Rijnland 2 knapte ik op, met de psychotherapie van psychiater Piet Muisjes (de oprichter van Rijnland) en met de sociotherapie, dat wil zeggen dat de verpleging met je praatte, zowel individueel als in groepsverband. Voor Rijnland 2 was ik geschikt, maar voor Rijnland 3 niet; daar ben ik teruggevallen. Je mocht daar niet in de war raken, omdat het om een zogeheten neurose-kliniek ging. Als je in de war raakte, dan moest je daar weg.

Hoe ben je er beland?
Ik ben er met een co-assistent van het Canisius Ziekenhuis met de auto naar toe gegaan, voor een intake. Ze hebben me vóór de intake op het

Canisius een verpleger op me afgestudeerd met de boodschap: als ik het niet deed, zat ik op mijn 30ste op een chronische afdeling. Dit was volgens hen mijn laatste kans en enige redding.

Ik heb die intake moedwillig verprutst en ik ben toch aangenomen door de staf. Ik was niet gemotiveerd om daar te komen en had er geen zin in. De groep wou me niet hebben. De staf wel, en zo ben ik toch toegelaten.
Ik weet niet waar die staf dat op baseerde. De oprichter van Rijnland vond me wel sympathiek en wou me er graag hebben.

Hoe ging de intake in zijn werk? Wat moet ik me daarbij voorstellen?
Er waren patiënten van een groep die je intaken, vergelijkbaar met wanneer je in een vrij huis gaat wonen. Er waren twee intakers, die allebei patiënt waren. Later heb ik zelf ook nog mensen ingetaked.

Wat ik belangrijk vond, was seksuele identiteit, daar zat ik toen mee in de knoei. Dat heb ik toen nog genoemd. Ik verzette me trouwens echt, liet merken dat ik er geen zin in had en dat ik er helemaal niet aan mee wilde doen. Maar ze hebben niets aan mijn worsteling gedaan, want de oprichter zei dat dit een 'academisch probleem' was en dat het niets uitmaakte wat je seksuele oriëntatie was.

Waarom wilde de groep je niet hebben?
Omdat ik helemaal niet gemotiveerd was om te veranderen. Ik ging eigenlijk tegen mijn wil in die kliniek zitten. Ik was het er helemaal niet mee eens.

Wat was de bedoeling van de opname?
Zoals ik al zei, ging het erom dat ik een persoonlijkheid zou worden en mijn positieve en negatieve eigenschappen zou leren kennen. Maar dat vond ik niets. Ik wist niet dat ik het gewoon had kunnen weigeren, want anders had ik dat ook echt gedaan.

Maar toen was ik een slaaf van de doktoren. Nou niet meer, nu zijn de doktoren de 'medische maffia' voor mij. Ze hebben me onder druk gezet door een verpleger op me af te sturen die me voorhield dat ik echt naar die therapeutische gemeenschap moest gaan, omdat ik anders op een chronische afdeling terecht zou komen. Dat geloofde ik echt, en daarom heb ik het zo lang tegen heug en meug volgehouden, twee jaar of zo. Achteraf beschouwd is het natuurlijk waanzin geweest, want dat konden ze niet van tevoren voorspellen.

Was je er psychisch gezien wel erg aan toe in die tijd?
Nee, ik was juist genezen van die psychose, na vijf maanden in het oude Canisius Ziekenhuis, maar ze wilden me een psychotherapie geven, omdat ze daar echt in geloofden. Na zes weken had ik al geen last meer van de psychoses, door de medicatie die ik kreeg.

Had je wel een ander soort hulp gewenst, in plaats van naar Santpoort gaan?
Gewoon ambulant thuis.
Maar ze vonden dat het feit dat ik ziek werd op de studentenflat van de eenzaamheid en stress volledig aan mij lag, en dat ik daarom moest veranderen.
Nou blijkt dus dat ik gewoon had moeten verhuizen naar een andere flat of zo, dus weg van die studenten met hun wilde toestanden, en dergelijke. Dus dat is een grote blunder geweest van de behandelaars.

Wanneer kwam je in Santpoort terecht?
Op 19 januari 1981. In 1980 had het intake-gesprek al plaatsgevonden.

Hoe ging dat verder? Kreeg je een eigen kamer bijvoorbeeld?
Nee, we lagen op een slaapzaal met zes man. Het klikte best goed. Er was
een zoon van een huisarts bij, die keuringsarts in het leger was geweest en
daar was doorgedraaid. Ik kon het erg goed met hem vinden. Net als met
een kleinzoon van een professor. Met hem heb ik tot een paar jaar terug
nog contact gehad.

In Rijnland 2 bracht je dus de eerste periode door?
Ja, en die duurde vijftien maanden. Ze hebben psychotherapie in de vorm
van gespreksgroepen gegeven. Een medepatiënt die daar ook zat, was erg
onaardig tegen me en zei steeds: 'Aanpassen en je mond houden'. Daar
gaat het nou overigens heel slecht mee. Die heeft er drie en een half jaar
gezeten en toen bleek pas dat hij er niet geschikt voor was. Hij was altijd
een beetje vijandig jegens mij en zat zich op mij uit te kuren.

Vertel eens wat meer over die tijd.
Een eerste negatief incident met een medebewoner vond toch al plaats aan
het begin van mijn verblijf in Rijnland 2. Er was een patiënte die zich op
mij zat af te reageren. Ik had een swastika getekend op het schoolbord, ik
weet niet meer waarom. Er was destijds ook een Duitse jongen en die had
iets met dat meisje. Zij had een grote bek tegen mij.
Toen heb ik haar met een bord met eten voor de kop geslagen. Er kwam
een scherf van het bord boven haar neus te zitten. Ze heeft er plastische

chirurgie voor moeten ondergaan. Ze dwongen me naar aanleiding daarvan pillen te slikken. Een antipsychoticum, omdat ik agressief was, trilafon. Overigens een te zwak middel. Ik vind dat terugblikkend niet terecht, want het was een antipsychoticum en ik was niet psychotisch.

Het was een gedwongen situatie, ik zat er tegen mijn wil. Ik heb in die periode ook vaak met tafels gesmeten om mijn onvrede te uiten.

Maar verder had je er toch best wel een leuke tijd?
Ja, eigenlijk wel. Ik heb uiteindelijk mijn verzet losgelaten, want ik knapte er warempel echt van op, na zo'n vijftien maanden. Toen dacht ik overmoedig: 'Nu moet ik ook nog naar Rijnland 3'. Dat was geen goede beslissing. Ik had er toen eigenlijk gewoon weg moeten gaan; weg uit Santpoort bedoel ik. Het ging om een fout van een psychiater Hans Baardman. Die zei: 'Hoe lang zit je hier al? Hup, naar Rijnland 3!'

Waar bestonden de gespreksgroepen op Rijnland 2 zoal uit?
Bijvoorbeeld uit het bespreken van de nasleep van ervaringen met de scheiding van iemands ouders. We zullen verdere details maar achterwege laten, om rechtszaken of schandalen te voorkomen.

Ik heb er een soort resocialisatie geleerd. Ik was gechoqueerd door de toestanden in de studentenwereld, zoals de problemen met de gang bijvoorbeeld. Ik was helemaal vereenzaamd op die gang, terwijl er 15 bewoners waren. Toen mijn gezicht open lag na een ongeluk met mijn fiets interesseerde niemand zich daar bijvoorbeeld voor.

In Rijnland 2 heb ik contacten opgebouwd met medepatiënten en hun achterban. Ik kreeg sociale contacten zoals ik zelden eerder had meegemaakt.

Er is wel een merkwaardig verhaal op dit punt. Een patiënte van de jeugdafdeling wilde een baby van me, omdat ik aardig tegen haar was in de wachtkamer bij de huisarts.
De mondhygiëniste van Rijnland vond me ook leuk, want ze zei dat ze me

als assistent wilde hebben.

In die tijd ben ik wel opener geworden door die gespreksgroepen. Gek genoeg heb ik toen een keer een gesprek gehad met een vrouw in de trein, een vrouw van een wetenschappelijk medewerker. Later is ze een keer op het terrein van Rijnland geweest, maar toen had ik net een zelfmoordpoging gedaan en daarom had ik geen zin om haar te spreken. Ik was van slag en in de war en negeerde haar gewoon, jammer genoeg.

Ik herinner me ook een soort 'aapjes kijken' van rechtenstudenten van de UvA. Die kwamen echt kijken naar de psychiatrische patiënten, puur uit nieuwsgierigheid.

Studeerde je eigenlijk nog in die periode?
Ik heb in Santpoort een jaar lang een MO-opleiding geschiedenis gedaan. Ik had een kamertje in Amsterdam Zuid waar ik in het weekend sliep (doordeweeks sliep ik nog op Rijnland 2).

Een jongen die bij me woonde in Amsterdam en ook op Rijnland zat dacht een keer dat hij met me naar bed moest. Ik zei toen van niet, en later heeft hij een vriendin gekregen.

Ook was ik bevriend met een homoseksuele psycholoog in die tijd. Ik kreeg vriendschappen in Amsterdam. Dus ik ging er met tegenzin heen, naar Rijnland 2, maar het werd wel een succes.
De therapeutische doelen waren bereikt in die tijd, en de therapeuten waren erg tevreden over mij. Ik was inmiddels een 'echte persoonlijkheid' geworden in hun ogen; ik was veranderd door die psychotherapie.

En zo kwam je in Rijnland 3 terecht, als een soort vervolg op de therapie?
Ja, maar Rijnland 3 was te hoog gegrepen voor mij. Het ging om een neurosekliniek met een vorm van psychotherapie die te zwaar voor me was. Ik mocht alleen maar luisteren naar de problemen van anderen en kon mijn eigen problemen niet kwijt.

Bijvoorbeeld dat ik verkracht was door een bonbonbakker. Ik was dronken gevoerd en verleid door een kunstschilder uit Amsterdam met wie ik een relatie had en die later aan AIDS is overleden. De kunstschilder hevelde mij over naar een andere homo, een bonbonbakker dus. Hij heeft me min of meer gedwongen tot seksueel contact.

In Rijnland 3 heb ik ook een lichte, onbehandelbare geslachtsziekte, herpes, opgelopen. Daar heb ik wel de schrik van te pakken gekregen.

Hoe was het op die afdeling?
Er was minder verpleging. Maar één verpleegster. En er was een sociotherapeut van Rijnland 2 die me zat te judassen en grof tegen me zat te doen toen hij in Rijnland 3 de leiding kreeg.
In Rijnland 2 waren er meer sociotherapeuten, terwijl in Rijnland 3 veel meer overgelaten werd aan de patiënten zelf.

Ik voelde me heel erg bedreigd door de medepatiënten in Rijnland 3. Ik werd er ook lichamelijk ziek van. Die psychotherapie was te zwaar.

Was er in Rijnland 2 dan helemaal geen sprake geweest van druk?
In Rijnland 2 hadden ze vooral aan me getrokken op sportief gebied, gymnastieken en zo. Ik had de psychomotorische therapie in Rijnland 2 een jaar lang geweigerd. Ik werd door een individuele psychotherapeut min of meer gedwongen om mee te doen aan gymnastieken, terwijl dat toen niet bij mij paste.

De eerste keer in Rijnland 2 moest ik trampoline springen met dertig man, en dat vond ik zo eng! Met dertig man trampolinespringen, dat is te druk voor mij, te overweldigend. Dat heb ik toen een jaar lang niet meer gedaan

In Rijnland 2 kreeg ik individuele psychomotorische therapie om te leren met de groep mee te doen. Dan moest je bijvoorbeeld judoën en zo. Dat heb ik toen wel gedaan.
In Rijnland 3 had ik inmiddels geleerd mee te doen met gymnastieken, maar dat was gelijk het enige wat goed ging. De rest ging allemaal mis.

Zoals?

Bij een psycholoog die psychotherapie deed op Rijnland 3 kwamen alleen de knappe meiden aan het woord, over hun vriend die vreemd was gegaan en zo. Het enige wat ik aan die man had was dat hij me goedendag zei op straat. Maar verder had ik niets aan hem. Ik kwam nooit aan bod bij de psychotherapie en sociotherapie. Ik kon er niet tussenkomen, want die knappe vrouwen waren altijd aan het woord. Hij heeft daar niets aan gedaan. Ik had daar wel behoefte aan, want ik was gewend aan die groepsgesprekken van Rijnland 2.

Op die manier had ik op een gegeven moment geen zin meer om te luisteren naar al die problemen van andere mensen.
In Rijnland 2 had ik geen moeite met die groepsgesprekken, omdat ik voldoende aan bod kwam.

De psychiater van Rijnland 3 deugde ook al niet, want toen ik bezig was psychotisch te worden, kreeg ik te horen dat ik op kamers moest gaan wonen. Het was een hele stomme psychiater, want als ik bij hem op spreekuur kwam, dan zei hij: 'Wat kom je doen?'
Hij zei dat de patiënten onvolwassen pubers waren.

Maar medicamenteus hebben ze niet zo zitten rommelen als een psychiater later deed.
Het had ook gekund dat ik 20 jaar opgesloten was, omdat dat een medepatiënt ook was overkomen

Eigenlijk had de staf wel moeten ingrijpen in de situatie omdat ik er niet tot mijn recht kwam, maar dat hebben ze dus niet gedaan. Het zijn juist de patiënten geweest die hebben ingegrepen... door me weg te sturen.

Waarom deden ze dat?
Ik heb in de lente van 1982 eerst een medicijnenstudent uit Leiden, een patiënt die zich op mij zat uit te kuren tijdens een intake-gesprek voor

iemand, met een stoel op zijn hoofd geslagen. Hij had geen zin in het intakegesprek en wou ergens anders over praten, terwijl ik een serieus intakegesprek wou voeren. Hij viel tegen me uit en toen kon ik daar niet tegen. Als ik iets zei, dan ging hij tegen mij tekeer.

Ik heb hem behoorlijk verwond, hij had meer dan 20 hechtingen. Die jongen was daarna bang voor mij. Hij had zich meer dan twee jaar op mij zitten uitkuren en toen heb ik hem teruggepakt. Hij was bij Rijnland 2 de grote dissonant geweest die het op mij gemunt had.

Wat voor gevolgen had dat incident?
Ik kreeg een brief van de psychiater dat de behandeling in gevaar kon komen als er weer zoiets gebeurde. Ik dacht toen: 'Oh jee, dan *doen* we dat toch! De behandeling in gevaar brengen! Zo'n behandeling hoef ik niet'.

Maar ik voelde me wel erg schuldig om wat ik had gedaan.
Dat was de eigenlijke reden dat ik, zo'n half jaar later, alle pillen voor twee weken temidden van de groep in één keer innam om zelfmoord te plegen. De aanleiding was dat bij een godsdienstgroepje de inrichtingsdominee kwam vertellen dat het soms voorkwam dat er geen liefde was in een huwelijk. Man en vrouw konden soms getrouwd zijn zonder dat er liefde in het spel was. Dat greep me erg aan, omdat ik het in verband bracht met het huwelijk van mijn ouders.

Mijn maag werd direct leeggepompt en ik kreeg voortaan begeleiding van een medepatiënt - iemand die later nota bene zelf een einde aan zijn eigen leven heeft gemaakt. Die man joeg me op als ik gewoon over straat liep. Ik had er niets aan.

Daarna wilden ze me geen pillen meer geven, maar alleen nog een spuit. De psychiater had opgebeld naar een verpleegkundige van Rijnland 2, die over de medicatie ging. Hij zei dat ik niet langer vertrouwd kon worden met pillen.
Die man nam niet de moeite om mij te zien en bepaalde autoritair dat ik voortaan een spuit moest krijgen. Ik was bereid om pillen te slikken, maar

ik wou geen spuit in de kont.

Ze gaven me daarna helemaal geen medicatie meer, zodat ik helemaal in de war heb rondgelopen.
Ik had net een zelfmoordpoging gedaan en toen werd ik zonder medicijnen geschorst. Ze lieten me zonder pillen rondlopen. Ze dachten dat ik anders zelfmoord zou plegen.

Dat lijkt me erg moeilijk.
Ik wou bij die zelfmoordpoging gewoon weggestuurd worden, want ik kon het niet meer aan. Het was net een hoge druk-pan. Toen was ik echt in de war en toen heb ik dat in een reflex gedaan, niet heel bewust. Ik wou gewoon uit die situatie breken. Het was eigenlijk een kreet om aandacht. Ze, de hulpverleners bedoel ik, hebben het gewoon laten gebeuren.

Een paar weken later, op 15 november 1982, heb ik de pan met het eten van de hele groep, nasi, omgegooid. Vlak voordat we zouden gaan eten. Er raakte overigens niemand gewond.

Ik kon het gewoon niet aan om steeds maar te moeten luisteren naar mensen en nooit zelf aan bod te komen. Het was een uiting van onmacht, ik was daar al eerder agressief door geworden.

Even daarvoor was ik de psychiater tegengekomen en die keek me heel vals aan. Dat vormde voor mij de aanleiding; ik vertrouwde de hele boel toen niet meer.

Dat ik met een pan gooide, had er ook mee te maken dat ik ondervoed was geraakt omdat de groepsleden me te weinig eten gunden. Dat was zelfs echt een patroon geworden.

Ik voelde me bedreigd door mijn dominante medepatiënten, zo erg dat ik een keer in mijn broek heb geplast op de bank. De groep kwam aanzetten met het natte kussen van die bank. Dat moest ik schoonmaken, maar ik kon dat op dat moment helemaal niet aan.

Ze schoffeerden of pestten me niet of zo, maar ze waren gewoon veel te dominant voor mij.

Hoe reageerde de groep op je daad, het gooien met die pan?
Ze hebben me eerst twee weken geschorst. Ik ben toen naar mijn kamer in Amsterdam gestuurd.

Hoe erg was dat voor je?
Ik had geen binding met Amsterdam en wilde daar dus niet blijven wonen. Ik zat klem en wou weg van Rijnland 3.

Later, op 2 december 1982 was er een patient-staff meeting waarop het incident werd besproken.
Die groep deed alsof ik het expres gedaan had. Die staf liet alles maar gebeuren en toen hebben de patiënten ingegrepen; die hebben me verstoten vanwege het gooien met de pan nasi.

Een medepatiënte merkte op: "Hij heeft er geen spijt van". De patiënten waren zelf wel gechoqueerd en vonden het te ver gaan, wat ik had gedaan. De ene helft liet zich er verder niet over uit, maar de andere helft vond dat ik weg moest. Een opgefokte patiënte zei: 'Als je agressief wordt, willen ze je nergens!' Zij had zelf ergere dingen gedaan en mocht er toch blijven. Een medepatiënt van Rijnland 2, die al iets eerder in Rijnland 3 zat, zei: 'Huub moet maar weg, dat is beter voor hem.'

De assistent-arts toonde wel een bepaalde betrokkenheid met de woorden: 'Waarom neemt niemand het op voor Huub in de groep?.' De psychiater maakte juist een sadistisch grapje tegenover de groep: 'Gaan jullie maar weg, dan blijft Huub hier.'

Wat weet je er nog meer van te vertellen?
Toen ik terug was van twee weken schorsing naar Amsterdam, zei de groep dat ik weg moest. Ik weet niet meer goed wat ze exact tegen me hebben gezegd, misschien omdat ik het heb verdrongen. Er was één

uitgesproken tegenstander die me echt weg wou hebben en ik had geen medestanders. Ze keerden zich allemaal tegen mij, inclusief de staf. Ze wilden me met zijn allen lozen.

Mensen van Rijnland 2 namen het trouwens voor me op. Ze wilden zelf ook niet meer naar Rijnland 3, door de manier waarop ik er behandeld werd. Ze probeerden daavoor ook steeds via mij te weten te komen hoe het er was.
De mensen van Rijnland 2 wilden me terug hebben op hun eigen afdeling.

In die periode kon ik Rijnland 3 echt niet meer aan. Ik kwam zoals gezegd helemaal niet aan bod, en de staf greep niet in en begeleidde me ook niet. Ik had geen pillen meer, zoals ik al heb verteld, want ik moest van de psychiater voortaan een spuit krijgen. Daardoor kreeg ik helemaal geen medicatie meer in die tijd. We spreken van de periode vanaf begin november tot 5 december 1982.

Ze hadden gewoon met me moeten praten, maar dat hebben ze niet gedaan. Ik *moest* de psychiater niet meer, vertrouwde hem niet meer.

Ook had een goede kennis van mij in die tijd zelfmoord gepleegd en de psychiater van Rijnland 3 vond het nodig om me daar heel erg mee te confronteren.

Er werd dus helemaal geen rekening gehouden met je persoonlijkheid of problemen?
Bij de zogeheten patient-staff meeting kwam ik wel aan bod, en daarbij noemde de klinisch psycholoog mij een hofnar. Piet Muisjes, de oprichter van Rijnland, met wie ik goed overweg kon, was daar een keer bij. Die zei toen dat de hele ideologie van de inrichting werd doorbroken, doordat het team zich niet aan de basisregels van de therapeutische gemeenschap hield. Hij bedoelde daarmee dat de staf de patiënten er de schuld van gaf dat ik eruit lag. In plaats van in te grijpen en het voor me op te nemen.

Het klikte absoluut niet tussen de psychiater van Rijnland 3 en mij. Hij mocht me niet. We kenden elkaar al langer, namelijk van psychodrama van Rijnland 2, dat hij leidde als psychodramaturg. Hij vond me daarbij te dominant, te dwingend, maar dat was nergens op gebaseerd.

Was het een grote teleurstelling voor je dat je uiteindelijk weggestuurd werd?
Ik dacht: 'Rijnland 3 is het summum; als ik dat doe, dan kan ik het leven aan'. Blijkbaar was ik er toch niet zelfstandig genoeg voor. Het betekende dat ik niet aan bod kwam, me in de hoek gedreven voelde en ook nog eens gepest werd door die medicijnenstudent.

Ik heb er in totaal 8 maanden gezeten. Alles wat ik opgebouwd had in Rijnland 2 aan sociale vaardigheden en zo werd helemaal afgebroken in Rijnland 3. Ik mocht ook geen contacten onderhouden met mensen van Rijnland 2, hoewel dat toch gebeurd is. Een meisje van Rijnland 2 heeft me echt proberen te redden van Rijnland 3; ze wilde dat ik terug kwam in Rijnland 2.

Eigenlijk was ik in een zelfde situatie terechtgekomen als op de studentenflat. Maar dan nog erger, want ik werd verstoten door de hele groep.

Rijnland is inmiddels op televisie geweest, en het was een puinhoop daar.

Wil je er nog meer over kwijt?
Vanuit Rijnland 3 heb ik bijvoorbeeld wel eens in de isoleercel gezeten op de gesloten afdeling, Rijnland 1. Om een eigen plekje te hebben, want in Rijnland zat ik voortdurend opgescheept met die groep.

En toen ik in de war was op de slaapzaal, zei iemand: 'Jij mag hier niet meer komen.' Toen ik terug was gekomen, zei men dat ik maar op kamers moest gaan wonen. Ik wilde naar Venray, maar ik dacht dat ze me daar niet wilden. Toen zei de gymnastiektherapeut: 'Ze willen je nergens.' Ik was in de war, ik wist niet hoe het verder moest.

Er was vaak bijna geen personeel aanwezig op Rijnland 3 en er moest politie aan te pas komen, wilde ik geholpen worden.

Hoe bedoel je dat laatste?
Ik raakte helemaal de kluts kwijt en ben gaan zwerven over het terrein, en ook van het terrein af.
Er kwamen twee mannen met honkbalknuppels op me af. Die hadden ze speciaal gepakt om mij de hersens in te slaan. Ik probeerde namelijk hun auto open te maken met een sleutel. Ik wou ontvluchten uit de inrichting, maar kon niet eens auto rijden. Ik wou een auto stelen om daar weg te komen.

Hoe is het afgelopen?
Ze hebben me toen in de isoleercel van Rijnland 2 gestopt. Ik vertoonde volgens de staf 'regressief gedrag'. Ik was helemaal gedecompenseerd. Ik dacht dat ik gekidnapt was en dat ze losgeld voor me wilden hebben. Ik zag in die tijd ook 20 sinterklazen en 100 zwartepieten. Ze kwamen me iets brengen. Op zich niet zo heel vreemd, want ik kwam er op pakjesavond terecht.
Ik stond ook op een schoolbord in de isoleercel een stamboom te schrijven van het Huis van Oranje. Daarbij vroeg ik zelf aan de verpleging: 'En wie ben ik dan?' En toen zei dezelfde verpleegster die mij een spuit wou geven: 'Jij bent de hertog van Limburg.' Ik geloofde dat, zover heen was ik.

Het ging om een soort kerker, echt een soort cel. Een isoleercel is niet hetzelfde als een separeer, hoewel de termen door leken nog wel eens door elkaar worden gehaald. Een separeer is minder belemmerend dan een isoleercel. Maar dat heb ik al eerder uitgelegd.

Na verloop van tijd kwam de psychiater vragen wat ze met me moesten doen. Uiteindelijk kwam hij me zelf vertellen dat ze me aan Venray zouden 'verkopen', alsof ik een profvoetballer was.

Ik voelde me verstoten door alles en iedereen. Het leek alsof de voorspelling van mijn vader was uitgekomen. Gek genoeg was ik nog wel verkozen in de stuurgroep van Rijnland 3, de patiëntenvertegenwoordiging.

Later hebben ze me in een taxi gestopt en naar Venray gereden.

Hoe lang heb jij nog hoop gehouden dat je iets zou bereiken met die opname op Rijnland 3?
Ik bleef dat al die acht maanden hopen, dus tijdens de hele opname. Een derde van de patiënten knapte op, een derde knapte af en een derde had er gewoon niets aan.
Ik kende veel gevallen die er helemaal verward uitkwamen. Dat interesseerde de staf helemaal niet.

De psychiater heeft me later, na mijn vertrek, nog besproken bij de psychotherapie en toen gezegd dat ik een typisch geval van schizofrenie was. Dat weet ik van een toenmalige medepatiënt.

Er is nooit een persoonlijk evaluerend gesprek geweest, ook geen telefoongesprek. Alleen een enquête.

Er kwam verder alleen een brief van een medepatiënt waarin hij vertelde dat er meer mensen bij Rijnland weggingen omdat ze meer moesten betalen, een hogere eigen bijdrage. Er zat ook een foto van mij bij die brief, een sinterklaasviering op Rijnland 3, die ik jaren later doormidden heb geknipt. Hij hoopte dat het toch wel goed zou komen met mij. Het was iemand met een soort vaderlijke gevoelens voor mij, maar ik kon niet zo goed met hem opschieten.

Ik heb niets teruggestuurd. Ik was daar ook te zeer in de war voor en dacht dat ik een slecht mens was omdat ik verstoten was.

In Santpoort heb ik geleerd dat het fout was om met de elite te willen omgaan. Vanaf Venray weet ik dat ik juist contact moet zoeken met gewone mensen, zoals arbeidersjongens. Ik heb toevallig wel een paar academici in mijn kennissenkring, maar dat is echt toeval.

Huub Janssen werd verstoten door een groep in een therapeutische gemeenschap, terwijl zo'n gemeenschap nota bene bedoeld is als alternatief voor de traditionele psychiatrische inrichting.
Mark Janssen schrijft[2] over verstoting in een algemener verband:

"In de inrichting kan men opnieuw uitgestoten worden [nadat dit al in de maatschappij was gebeurd]. In de psychiatrische paviljoens ontstaan nieuwe groepen met nieuwe regels en nieuwe sancties. Eén van die sancties kan isolatie zijn. Een andere maatregel bestaat uit overplaatsing naar een 'slechtere' of strengere afdeling. Een ultieme sanctie is strafontslag (nazorg wordt dan niet geregeld). Het effect daarvan is tweeledig: men heft de ordeverstoring door een lid van de groep op en disciplineert de rest. Dit mechanisme kan op den duur een eigen leven gaan leiden, en het is dan ook niet eenvoudig om dergelijke patronen te veranderen."

---

2 In *Dwang in de psychiatrie: dilemma's, feiten, ervaringen en alternatieven*, Amsterdam: Babylon-De Geus, 1995.

Hoofdstuk 4. Terug in Venray

Dus je werd weer naar Venray gestuurd?
Ja. In Venray kwam ik in een bungalow terecht. Ik kreeg er arbeidstherapie en haldol. Het was er hartstikke leuk. Ik heb er met medepatiënten zitten praten, onder andere met een jongen die nou in de voormalige Hulsen, oftewel wat nu Arcuris heet, zit.

Waarom wou je eigenlijk terug naar Venray, naar de inrichting van dr. Grebbenberg?
Omdat ik psychotisch was, het was een beetje het minste van een aantal kwaden.

Werd je er goed opgevangen na wat je in Rijnland had meegemaakt?
Nou, Rijnland had niet doorgegeven aan Venray dat ik een zelfdodingspoging had gedaan en daar werd dus ook nooit over gepraat. Het algemene beleid was trouwens dat er zo min mogelijk gesprekken met psychiaters plaats vonden. De psychiater wou mij daarom ook bijna nooit zien.
Ik heb de psychiater toen wel foto's laten zien van de leuke dingen van Rijnland.

Dr. Grebbenberg wou niet met me praten. Dat was het beleid, dat alleen de verpleging met me praatte en de psychiater niet. Die schreef alleen haldol voor gedurende een half jaar, een paardenmiddel dat overigens nog steeds gebruikt wordt. Men kreeg meestal eerst haldol bij aankomst in Venray.

Hij praatte niet met me omdat hij geen tijd voor me had en misschien ook omdat hij bang was dat het dan mis zou gaan met me. Ik kreeg ook geen psychotherapie of gesprekstherapie, alleen arbeidstherapie door arbeidstherapeuten.

Je moest op sommige dagen om 7 uur 's morgens al corveeën. Je had het moeilijker in de inrichting dan wanneer je op jezelf woonde. Omdat je de tafel moest dekken of moest afwassen. Ook als je psychotisch was. En je moest sporten.
Je had er dus alleen arbeidstherapie en sporttherapie en je ging om met leerling-verpleegkundigen. Dus niet met ervaren krachten.

Men stelde de vraag niet eens waarom het mis was gegaan in Rijnland. In het dossier stond slechts: "Niet geschikt voor psychotherapie, geen 'openleggende' psychotherapie meer." Ik ben er zelf ook niet over begonnen, hoe alles gelopen was. Ik was daar ook te slaafs voor.
Ik kreeg trouwens gewoon weer pillen, omdat de zelfmoordpoging niet doorgegeven was.

Wel kreeg ik een individuele begeleider, een B-verpleegkundige die met je praatte, maar geen psychotherapie of groepstherapie. Groepstherapie was totaal niet geschikt voor mij, dacht men.
De begeleider praatte vooral over angsten rond lichamelijke klachten en dergelijke, en stelde me gerust.

Je noemt arbeidstherapie, waar ging het precies om?
Tijdens de eerste twee maanden in Woning 1, bestond de arbeidstherapie uit neon-lampen in elkaar draaien en slopen, onder het mom van Observatietherapie Arbeid (OTA). We kregen daar overigens niet voor betaald maar moesten juist een eigen bijdrage betalen om aan de therapie mee te mogen doen. Terwijl we in feite productie draaiden. Maar het

werken was bedoeld om te genezen en daarom moesten we ervoor betalen als onderdeel van de behandeling. Op dat moment beseften we dat trouwens niet. Die maanden vond ik wel leuk. Je werd voortdurend geobserveerd door arbeidstherapeuten om te kijken hoe je functioneerde.

Later, na twee maanden, kreeg ik wel meer begeleiding, op een vervolgafdeling, gebouw C afdeling B, resocialisatie. Ik kreeg een begeleider toegewezen. Toen hebben ze me na een half jaar naar een tehuis in Tegelen gestuurd, een soort verblijfsafdeling; dat wilden ze proberen. Ik moest toen elke dag terug naar het hoofdterrein in Venray voor de arbeidstherapie. In de kelder onder andere krulspelden en wasknijpers inpakken, in het kader van de VSW, Voorbereidende Sociale Werkplaats. Dat gebeurde als enige man te midden van gillende vrouwen. Er was een arbeidstherapeute die ons uit de hoogte en minachtend bejegende. Ze zei dat ik alleen het gemakkelijkste werk deed, zoals schroefjes in een zakje doen, honderd schroefjes tellen. Ik vond het niet prettig, omdat het absoluut niet klikte en omdat ik het werk niet leuk vond.

Ik werd daar echt toe gedwongen. Je moest werken voor de kost onder de vlag van arbeidstherapie. Toen werd dat echt afgedwongen. Het ging om een uur of drie, vier werk per dag en het zou nodig zijn voor de genezing. Tijdens het werk werd je geobserveerd, men stelde onder andere vast waar je geschikt voor zou zijn op een sociale werkplaats. Overigens werd je hierbij niet onder druk gezet, terwijl dat wel gebeurde bij die eerste twee maanden met die neon-lampen. Je mocht in je eigen tempo werken. Dat vond ik wel leuk, want ik voelde me een soort fabrieksarbeider in die tijd.

Er was ook een soort creatieve therapie in een atelier en daar ging ik altijd zitten breien.

Hoe vond je de opname in Venray achteraf gezien?
In Venray waren ze er menselijker, liefdevoller, aardiger.

Psychiatrie en Venray gaan al meer dan 100 jaar samen

Het terrein was er ook echt verbeterd, met allemaal bungalows en zo. Het was een soort Amerika, terwijl Santpoort een soort Rusland was, heel armoedig. Ze hadden in Santpoort bijvoorbeeld alleen zwart-wit televisie, terwijl ze in Venray kleurentelevisie hadden en een stereo-installatie. Wel hadden ze in Santpoort een groter aanbod aan therapieën, maar dat was uiteindelijk te hoog gegrepen voor mij.

Ik voelde geen band met de mensen uit Santpoort, want ik was echt bang geweest voor mijn medepatiënten. Daarom heb ik nooit meer contact met hen opgenomen terwijl ik in Venray zat.

Ik vond Venray dus ondanks zijn gebreken een liefdevollere inrichting dan Santpoort en ik ben er echt van opgeknapt.

Alleen zei de hoofdverpleger een keer voor de grap dat ik naar de zwaarste verblijfsafdeling moest als ik niet zou opstaan. Dat meende hij niet, maar het maakte dat ik nooit naar een verblijfsafdeling wilde gaan.

Nogmaals, Venray was echt liefdevol vergeleken met Santpoort.

Zijn er nog leuke anekdotes uit die tijd?
Ik ging soms in plaats van arbeidstherapie mee met de tuinploeg. Daar zaten leuke homo's bij.
Ik ben verder wel eens 'illegaal' mee geweest met een busje naar de zwakzinnigenafdeling.

Dan ben ik ook nog een keer zo ondeugend geweest om zomaar bij mijn ouders op bezoek te gaan vanuit de opnameafdeling. Ze hebben daar in de inrichting nooit iets van gemerkt en niemand heeft het verlinkt.

Ik heb vrijwilligerswerk gedaan in de inrichtingsbibliotheek, de *Katholieke Illustratie* (over het oude Roomse leven) documenteren, met kaartenbakken, wat ik wel leuk vond.
Er werd me ook aangeraden om gewoon vrijwilligerswerk te doen, maar dat kon ik niet aan. De gemeente Venray wou daar ook niet aan, omdat er in dat geval toezicht nodig zou zijn geweest.

Er was een verpleegster van de HBOV uit Nijmegen die op mij is afgestudeerd. Ze gaf me allerlei hooggegrepen opdrachten, zoals weer gaan studeren en vrijwilligerswerk gaan doen. Dingen die ik niet aan kon. Ze wou overigens geen persoonlijk contact; ze beschouwde het contact als werk. Jammer genoeg ben ik haar scriptie kwijtgeraakt.

Ik ging in die tijd in Venray ook uit in het dorp, met vier meisjes naar de disco, naar de homobar en naar de hasjbar.
Toen ben ik ook bevriend geraakt met Anita, met wie ik later nog jarenlang ben opgetrokken. We gingen samen naar de kantine van de inrichting en ook naar een café in Venray zelf. We praatten overigens niet met elkaar over ieders achtergronden. We hebben ook niet zo lang contact met elkaar gehad.
Haar vader kwam uit Kleef en haar moeder was Nederlandse. Ze woonde als studente psychologie op een studentenflat in Galgenveld, maar heeft daar een inzinking gehad en is toen naar Venray gebracht.

Ik heb haar gerustgesteld toen ze er weg wou en vroeg hoe lang ze nog moest blijven. Ik zei dat ze zo naar huis mocht. Ze is uiteindelijk weer teruggegaan naar haar studentenflat en ging vaak bij haar ouders logeren.

Toen ik uit Venray wegging, was zij mijn eerste contact met de maatschappij. Ze was mijn opvangster. Ik voelde me min of meer verplicht om met haar om te gaan en overal koffie met haar te gaan drinken.

Hoe ben je uiteindelijk weer uit Venray vertrokken?
Ik moest na twee jaar weg uit Venray, omdat ik na verloop van tijd de arbeidstherapie in de kelder weigerde. Omdat ik op de vervolgafdeling niets deed aan arbeidstherapie, vonden ze dat ik er weg moest.
Daarbij werd ik voor de keuze gesteld: óf naar een verblijfsafdeling oftewel chronische afdeling gaan óf op kamers gaan wonen. Ik koos voor dat laatste, op 9 april 1984.

Ik moest ofwel naar een verblijfsafdeling ofwel op kamers, omdat ik 'uitbehandeld' was. Zoals gezegd bestond de behandeling uitsluitend uit arbeidstherapie en na enkele maanden ook wel begeleiding van een ervaren verpleegkundige.

Dat laatste bestond uit praten, onder andere over mijn angst dat ik een geslachtsziekte onder de leden had. In de oude tijd kon je trouwens maar drie maanden behandeld worden en dan moest je al naar een verblijfsafdeling. Maar in mijn tijd kon de behandeling twee jaar duren voordat je daar naartoe werd gestuurd. Ik heb er echt voor gestreden dat ik niet naar een verblijfsafdeling zou hoeven. Ik was bang dat ik er nooit meer weg kwam en dat ik volledig een slaaf van de inrichting zou worden.

Ze hadden geen hoge verwachtingen van mij toen ik wegging uit Venray.

Hoe zat het inmiddels met de medicijnen?
Ze stellen je dus in op medicatie. Ook lichtere medicatie. Ik heb drie verschillende medicijnen gehad, namelijk haldol, phenetal largactil en dogmatil. Dogmatil moest ik gaan slikken als ik weg was uit Venray. Dat was na tien jaar 'uitgewerkt' en toen kwam ik bij de RIAGG terecht.

Dat men in de psychiatrie onvoldoende ingaat op de persoonlijke

achtergronden van patiënten blijkt uit het boek *Niet Storen: Een kritische beschouwing over de RIAGG in woord en beeld van Saar M. Roelofs*[3]. Zo introduceert zij onder meer het begrip 'riagnose', een pseudo-diagnose door de RIAGG.
Over de intake van patiënten schrijft zij op blz. 76:

"In de intake wordt in de regel niet gevraagd naar geweldservaringen, zoals seksueel misbruik, verkrachting, fysieke mishandeling of verwaarlozing. Deze gevoelige onderwerpen worden door slechts een enkele hulpverlener aangesneden. Naar andere traumatische ervaringen, zoals oorlogstrauma's, verkeersongelukken of de dood van een geliefde persoon wordt in de regel evenmin gevraagd. Voorts is het niet gebruikelijk om te vragen naar seksuele problemen, zoals desinteresse in of afkeer van seksualiteit of problemen op het gebied van de seksuele voorkeur of het onvermogen om een orgasme te bereiken.
Ook wordt doorgaans niet gevraagd naar verslavingsproblemen of problemen op het gebied van arbeid, zoals spanningen en conflicten op het werk."

---

3   Overveen: Belvédère, 1997.

Hoofdstuk 5. Groesbeek

Hoe ging het verder toen je op kamers ging wonen?
Na Venray kreeg ik als nazorg een gespreksgroep van de psycholoog
Pierre Trooma. Het was ook om te voorkomen dat ik op een
verblijfsafdeling zou komen.
Die Trooma was zelf homoseksueel, ook al was hij getrouwd met een
vrouw. Hij zei: 'Jij kunt meer bevrediging vinden bij een man. Dan
accepteert je vader het maar niet.' Dus die Pierre Trooma-groep is
belangrijk geweest voor de acceptatie van mijn homoseksuele gevoelens.

De eigenlijke psychologische begeleiding kwam dus pas na Venray, in het
oude RIAGG-gebouw in Nijmegen. Ik ben met een helemaal mensen uit
die groep bevriend geraakt, maar dat is later allemaal verwaterd.

Daarna heeft die Pierre Trooma mij naar de zogeheten Phoenix gestuurd,
een dagactiviteitencentrum voor ex-psychiatrische patiënten.

Hadden ze het in Venray dan niet over je problemen gehad?

In Venray ging het niet over homoseksualiteit, maar meer over angsten rond lichamelijke klachten en dergelijke , met name geslachtsziekten. Ik had een waan dat ik die had. Feitelijk heb ik ook nooit echt een geslachtsziekte gehad, ook geen druiper.

Ik heb verder heel kort ook wel een paar gesprekken gehad met een psycholoog in Venray. Ik ben eigenlijk grotendeels vergeten waar die over gingen. Hij nam me een paar psychologische tests af en zo en raadde me aan boeken te gaan lezen.

Hoe gingen ze om met het onderwerp eenzaamheid?
Ze zeiden dat ik inmiddels wel op kamers kon gaan wonen. Dat zou anders zijn dan op een studentenflat en dat is ook echt gebleken.

Hoe is het verder gegaan?
Na Venray ging ik voor het eerst echt zelfstandig wonen. In Amsterdam had ik weliswaar woonruimte, maar dat ging maar om een heel klein kamertje van twee bij twee, dus geen flat van mij alleen, met een gedeelde keuken en dergelijke.

Een jongen van Woning 1, Flip , vond zichzelf een vriend van mij. Zijn ouders vonden woonruimte in Groesbeek en wilden dat wij daar samen gingen wonen. Maar daar heeft hij van afgezien. Ik heb toen wel een Poolse medepatiënt gevonden die er met mij wou wonen en dat is dus toen ook echt gebeurd. Dat ging heel gemakkelijk.

Twijfelde je erover?
Nee, ik wou per se niet naar een verblijfsafdeling, dat wou ik hoe dan ook voorkomen. Ik wou daar nooit heen. Ik heb mijn hele leven maar vijf dagen op een verblijfsafdeling gezeten, in 1999 pas. Ik zag mensen om me heen die wel op een verblijfsafdeling terechtkwamen. Toch kun je daar nog wel van afkomen, maar ik wilde dat gewoon niet. Een verblijfsafdeling is vooral bedoeld voor mensen die uitbehandeld zijn en niet meer zelfstandig kunnen gaan wonen.

Was er geen tussenvorm, zoals beschermd wonen?
Jawel, en ik ben zelf naar Venlo geweest om er te kijken naar een tehuis voor beschermd wonen. Maar daar moest je wel heel zelfstandig voor zijn en veel corveeën.

Ik had een groot verlangen om zelfstandig te gaan wonen, hoewel ik ook wel onzeker was.
Wel had ik behoorlijk negatieve ervaringen met zelfstandig wonen op de studentenflat. Ik voelde me er zoals gezegd niet happy, kreeg psychotische verschijnselen zoals stemmen horen en spoken zien, en ging mezelf verwaarlozen.

Toch wilde ik hoe dan ook niet op een verblijfsafdeling; ik gruwde echt van het idee. Dan zou ik namelijk helemaal afhankelijk blijven van de psychiatrie en een slaaf van de inrichting worden, zonder enige persoonlijke vrijheid. Dus dat ik naar hun pijpen moest dansen.

Dus toen ging je zelfstandig wonen. Hoe was dat?
Ik had een gelukkige tijd, van 1984 tot 1985. Weer een eigen kamer, weg uit de inrichting! De laatste eigen kamer die ik had gehad was de kamer in Amsterdam.

Zelfstandig wonen gaf me een kick; ik had eigenlijk verwacht dat ik het niet vol zou houden, maar ik hield het wel vol. Soms kookte ik ook voor mezelf. Ik kreeg wel eens bezoek in die tijd, zelfs uit Amsterdam, van iemand van Santpoort. Ik had er trouwens niet zoveel contact met de familie. Mijn vader kwam er niet regelmatig op bezoek. Heel af en toe ging ik wel eens naar Roermond.

Je ging er met iemand anders wonen he?
Ja inderdaad, in 1984 ging ik met die Poolse jongen in Groesbeek wonen. De ouders van een zwakbegaafde Nederlandse jongen met een psychiatrische stoornis, Flip, die toen al weer bij zo'n ouders woonde, hadden die woning geregeld, maar die jongen wou dat niet.
Ik had dat zelf nooit alleen gekund. Toen vond ik dus die Poolse jongen.

Die jongen en ik hadden allebei een eigen kamer in hetzelfde vrije huis in Groesbeek. We hadden er een gemeenschappelijke keuken, die we deelden met andere bewoners. Het klikte daar best goed mee. Er waren geen problemen of zo.

In een psychose dacht Flip dat hij bevriend met me was en ik vond hem ook wel leuk. Vroeger, op de gesloten afdeling in Venray had ik wel eens Stratego met hem gespeeld en hij kon heel goed schaken. Maar hij was volgens mij verder wel verstandelijk gehandicapt.

Die Poolse jongen, met de Nederlandse nationaliteit, had trouwens wel problemen, hij was aan de heroïne. Ook ging hij regelmatig naar Heerlen, naar de hoeren en naar familie die daar woonde. Zijn moeder woonde trouwens in Duitsland. Ik merkte zelf niet dat hij heroïne gebruikte; dat hoorde ik voor het eerst van zijn huisarts.
Ik had best met hem willen vrijen, want ik vond hem erg leuk. Maar een homoseksueel contact kon het niet worden, want ik was zijn type niet, ook al was hij wel biseksueel.

Die Poolse jongen en ik hadden een warme vriendschap met elkaar, maar we hebben het maar een half jaar met elkaar volgehouden. Daarna is hij naar Heerlen gegaan om bij zijn zus te gaan wonen. Later heb ik nooit meer contact met hem gehad.

Hoe maakte je het verder in die Groesbeekse tijd?
De eerste tijd was ik er nog wel slecht aan toe door de opnames die ik achter de rug had. Ik zag er ook niet zo goed uit, een beetje verlopen. Een tijdlang heb ik voornamelijk slaap ingehaald.

Kort daarna heb ik ook een losbandige periode gehad, waarin ik veel avontuurtjes had met allerlei mannen, onder andere met een Indonesische jongen van adel. Zelfs een trio met twee winkeliers die ik ontmoette bij de homo-ontmoetingsplaats in Kelfkensbos. Ik voelde in die tijd gewoon die behoefte.

Die sekscontacten waren erg oppervlakkig. Met sommigen had ik we wel een paar keer seksueel contact. Een enkele keer werd er wel eens gepraat of we gingen samen chinezen. Maar er was geen sprake van een echte vriendschapsband; daar was het te oppervlakkig voor.
Het ging mij voornamelijk om het lichamelijke contact, het knuffelen, en veel minder om de echte seks, hoewel dat dus ook gebeurde. Ik heb heel weinig anaal contact gehad, want dat beviel me gewoon niet.

Door Rijnland ben ik wel verbaal begaafd geworden. Ik ben 'opengereten'; dat is min of meer onder dwang gebeurd. Ik zat er immers niet voor mijn plezier. Ik heb aan die opnames dus wel sociale contacten overgehouden.

In die tijd was ik niet verliefd op een van de jongens. Daaraan voorafgaand was ik wel verliefd op een historicus, ene Pepijn. Over hem heb ik wel eens een psychodrama nagespeeld op Rijnland 2. Een therapeute heeft Pepijn daarbij uitgebeeld, in de vorm van een rollenspel. Die was actrice geweest voor ze therapeute werd. Ze kreeg het Spaans benauwd van mij. Ik weet niet goed waarom, maar wellicht had het met mijn emoties te maken.

Ik heb tien jaar gedweept met die jongen, maar het was eenzijdig contact. Ik heb hem wel verteld van mijn gevoelens, maar ze werden niet beantwoord en hij is later gaan samenwonen met een vrouw. Die Pepijn is een van mijn grote liefdes geweest. Er was wel vriendschap, maar dat was eenzijdig; het ging voornamelijk van mij uit. Hij was nu eenmaal hetero.

Vroeger vond ik het al voldoende dat we een beetje contact hadden. Daar genoot ik al van. Toen hij een gezin gesticht had, is het verwaterd. Ik dacht: 'Als het eenrichtingsverkeer blijft, heeft het geen zin. Dan moet ik hem niet meer achterna lopen.' Ik had eigenlijk gehoopt op meer vriendschappelijke gevoelens van zijn kant, het ging niet zozeer om de seksuele aspecten, want hij vertoonde geen homoseksuele kant.

Mijn vader kwam toen ik in Groesbeek woonde een keer met een grote boor aan zetten en hij hing boekenplankjes aan de muur.

Het was een hele leuke tijd. Ik ging met verschillende mensen uit de psychiatrie om.

Ik ben zelfs verleid door een vrouw die naakt bij mij op schoot ging zitten. Ik schrok me kapot en voelde me net een varken, ik vond het veel te grof, vergeleken met mijn homoseksuele contacten.

Het kwam niet overeen met mijn gevoelens en ik vond haar ook niet aantrekkelijk.

Ze heeft nog een keer de was voor me gedaan en mijn kamer opgeruimd, maar daarna heeft ze me in de steek gelaten. Ze ging toen weer terug naar de inrichting.

De vader van die Flip had trouwens over mijn rommel gezegd: 'Rommel is niet erg, dat staat in de wet.'

Hoe ging je om met je medicatie?

De eerste vijf maanden slikte ik geen pillen in Groesbeek. Ik had me opgegeven bij de huisarts, maar de assistente had dat niet doorgegeven, zodat ik maandenlang zonder pillen zat. Ik heb in die tijd vooral veel geslapen. Na vijf maanden heb ik een inzinking gehad.

Die Anita, die ik kende van Venray, heeft me toen naar de Eerste Hulp van het Radboud Ziekenhuis gebracht en toen zei de arts: 'Ga maar terug naar Venray!' Als je in Venray had gezeten, dan hoorde je daar kennelijk thuis voor hem.

Toen hebben ze in Venray gewoon gezegd: 'Ga die pillen maar weer slikken.' Dat ging om Dogmatil. Anita heeft me in die periode opgevangen. Ze ging zo zorgzaam met me om, dat de dokter dacht dat ze mijn vrouw was. De huisarts gaf me een recept mee voor pillen; ik kon dus weer gewoon terug naar mijn kamer in Groesbeek.

Ging je vooral om met medepatiënten?

Ik ging in die periode veel met Anita uit, met haar autootje naar Nijmegen, onder andere naar de Professor Bromstraat waar zij woonde.

Wat voor een begeleiding kreeg je destijds?
In die tijd heb ik geen contact gehad met iemand van het RIAGG. Ik stond wel op de wachtlijst, maar totdat er iemand beschikbaar was, zat ik zoals gezegd alleen in een Nijmeegse gespreksgroep van de homoseksuele psycholoog Pierre Trooma. Eigenlijk was dat veel te weinig. Ik had toen een individuele therapeut nodig, maar dat kreeg ik vijf jaar lang niet van Pierre. Zonder uitleg trouwens. Hij vond het niet nodig.

Een medewerker van het RIAGG was wel een keer langs geweest, 'stoute Karel', maar hij had een briefje onder een verkeerde deur gedaan en vervolgens gezegd dat ik moeilijk te bereiken was. Ze schuiven alles af op de patiënt!

Ik heb trouwens twee intakes bij die Karel gedaan, namelijk voor de Maandagavondgroep en voor de Pierre Trooma-groep.

Iemand uit die groep van Trooma, Malle Pietje, zei toen dat ik eruit zag als een 'geestelijk gestoorde.' Hij zei: 'Je bent gehandicapt, ze kunnen het aan je zien.'

Pierre Trooma was duidelijk homoseksueel. Hij was echter gewoon getrouwd en had een dochter.

Die gespreksgroep was wel een succes. Ik kwam zelfs meer aan het woord dan ieder ander.
We hadden het onder andere over homoseksualiteit, dat ik meer opgewonden kon worden van een man, en dergelijke
In die periode had ik zoals gezegd veel homoseksuele contacten en was ik best wel bang voor geslachtsziekten. Dat is heel lang geleden en ik heb nou niet meer zoveel contacten.
Ik deed het toen meestal onveilig, zonder condoom, want er was hier nog geen AIDS. Een kunstschilder met wie ik in Amsterdam verkering had, toen ik die MO geschiedenis deed, kreeg trouwens later wel AIDS.

Die kunstschilder was trouwens verliefd op iemand anders, ene Benno, een psychologiestudent. Het was Benno voor en Benno na. Toen ben ik vreemd gegaan met ene meneer Spinosa, een Portugese jood, een theoloog, en toen was het uit met die kunstschilder. Toen kwamen we nog wel bij elkaar op bezoek, maar we deden het niet meer.

Maar had je dan geen psychiater in die tijd?
Jawel, diezelfde dr. Vlapdrul van het Canisius van enkele jaren daarvoor. In die tijd in Groesbeek deed ik op zijn advies weer MO geschiedenis, dit keer in Arnhem. In het tweede jaar van die opleiding heb ik een inzinking gehad.
Dat kwam omdat Vlapdrul had gezegd dat ik mijn pillen maar moest halveren, omdat ik wou minderen in verband met de studie. Toen wou ik me (onder invloed van die halvering) voor een auto gooien en ben ik opgehouden met de opleiding.

Ik heb me daar weer zelf uit gewerkt. Achteraf beschouwd had ik toen nog niet moeten gaan studeren; ik was er nog niet aan toe.

Hoe stond het toen met werk en inkomen?
Ik moest naar een keuringsarts en kreeg een uitkering van de AAW. Die man zei overigens dat ik aan het werk moest: 'Werken, opleiding volgen, niet naar het RIAGG!'
Later keurde hij me toch nog af en zei hij dat ik niet volwaardig was, omdat ik niet werkte. Ik kon daar niet tegen, dat ze me onder druk zetten om te werken. Daarom heeft hij me afgekeurd, om me te beschermen. Vlapdrul had inmiddels opgeschreven dat ik niet geschikt was voor het vrije bedrijfsleven.
Ondertussen had ik mijn studieschuld afbetaald van het geld dat ik gespaard had in Santpoort.

Ik bleek dus toch niet geschikt voor die MO-opleiding; ik kon niet tegen de examendruk.
Bovendien moest ik de pillen halveren van mijn toenmalige psychiater, om beter te kunnen studeren. Dat is gewoon veel te veel ineens.

De ironie van dit alles was dat diezelfde psychiater eerder, voor die studie, op mijn vraag 'Kun je met pillen wel studeren?' had geantwoord: 'Hoe meer pillen hoe beter.'

Ik heb mijn studiebegeleider gebeld en die zei eerst: 'Succes met andere zaken dan studeren' en de volgende keer zei hij: 'Ze zullen je achtervolgen', toen ik had gezegd dat ik ermee opgehouden was. Dat was een woedende uitspraak van hem. Hij was overstuur omdat ik daar een tweede keer over had opgebeld. Misschien was ik een beetje psychotisch op het moment dat ik hem opbelde en had hij daar last van.

Ik vond het niet erg dat ik moest stoppen met de MO-opleiding, maar ik vond het wel een interessante opleiding. Bij die Pierre Trooma-groep zeiden ze: 'Zelfstandig wonen en dan ook nog studeren, dat hoeft niet, dat is teveel ineens.'

Het ging er echt om dat ik moest presteren en ik wilde het alleen als hobby. Ik heb sindsdien nog wel het een en ander gelezen over geschiedenis, in het kader van zelfstudie.

Die Poolse jongen verhuisde op een gegeven moment; hoe ging het daarna verder?
Nadat hij vertrokken was, trok ik veel op met Anita en had ook regelmatig telefonisch contact met een blinde vriend van haar, Bobby Lenders, een soort koppelaar, die zelf geen psychiatrische achtergrond had.
Hij wou me uit de inrichting houden. Ik had zeven jaar in de psychiatrie gezeten en was vijf jaar opgenomen geweest. Hij zei dat ik tien jaar in de inrichting had gezeten en dat dat nu eens moest ophouden. Anita en ik hadden elkaar nodig vond hij, want Anita was sterk vereenzaamd.

Anita had trouwens wel rare fratsen. Zoals dat ze steeds om sigaretten bedelde, op dwingende toon, en dat ze een keer op de grond ging liggen en eten van de chinees eiste. Ze at het eten op en rende de deur uit. Achteraf beschouwd, was ik als een hond aan de ketting die door haar gecommandeerd werd.

Hoe zag die band met Anita eruit?
Anita ging met een heleboel jongens op stap, maar ze ging niet met iedereen naar bed. We hadden geen relatie met elkaar, maar we waren wel zeven jaar bevriend met elkaar. Ik sta nu niet meer te springen om het contact met haar weer te herstellen, want ze gedroeg zich heel vreemd. Toch hadden we best een leuke tijd met elkaar.

Door Anita kwam ik weer op het terrein van de studentenflat waar ik vroeger zelf had gewoond. Ik kende die gang van haar ook van vroeger, want daar woonde vroeger een klasgenoot van mij die geschiedenis studeerde.

Een keer ontmoetten we een Duitse homo, die me naar huis bracht. We deden het niet met elkaar.

Jaren later gaf een katholieke vriend van me uit Venray me op mijn flikker omdat ik aan 'promiscuïteit' deed.

Die vriend van Anita, Bobby Lenders, had elke dag een uur telefonisch contact met mij. Daar had ik echt behoefte aan, want die gespreksgroep van Pierre Trooma was onvoldoende voor mij. Ik ben hen nog steeds dankbaar voor het contact destijds, want daardoor ben ik toch voor het eerst zelfstandig kunnen gaan wonen.

Bobby Lenders was als blinde zelf arbeidsongeschikt en hij wou mij dat stigma besparen. Hij wou dat ik een bijstandsuitkering kreeg, doordat ik arbeidsgeschikt zou worden verklaard.

Toch heeft Bobby me ook geestelijk gefolterd met name met de woorden: 'Je hebt tien jaar in de inrichting gezeten. Ik hoop dat ze je uit de uitkering zetten.'
Hij noemde me ook een harde vogel, en het kwam volgens hem door mij dat mensen in mijn omgeving zopen.

Nobody's perfect en dat geldt ook voor goede hulpverleners in de psychiatrie. Toch steekt dr. Pierre Trooma zozeer met kop en schouders boven de rest uit, dat we overwogen hebben om zijn echte naam te vermelden. Toch hebben we daar van afgezien, al was het maar omdat men dan juist kan denken dat die echte naam juist een pseudoniem is.

Wat Trooma zo uitzonderlijk maakte was zijn vermogen om te communiceren en bloot te leggen wat mensen emotioneel bezig hield. Huub Janssen kreeg ruim de gelegenheid van de psycholoog om zijn verhaal te vertellen, zonder ondergesneeuwd te worden door de ervaringen van mooie vrouwelijke patiëntes.

De enige dissonant is dat Trooma te weinig beseft heeft dat Huub ook veel baat had kunnen hebben bij individuele psychotherapie. Wellicht speelde hier een persoonlijke voorkeur van de psycholoog mee, die mogelijk weer samenhangt met eenzijdige opvattingen binnen toenmalige progressieve stromingen in de psychiatrie.

Hoofdstuk 6. Neerbosscheweg

Waar kwam je na Groesbeek terecht?
In december 1985 kwam ik te wonen op de Neerbosscheweg in Nijmegen.
Diezelfde dag stond ene Frits Peters voor de deur te fluiten omdat hij het
nummer niet wist, dat weet ik nog goed. Dus die verhuizing heeft wel
indruk op me gemaakt.

Het contact met Anita ging nog jaren door nadat ik op deze flat kwam te
wonen.
Op het kandidaatsfeest van psychologie van Anita ontmoette ik Johan
Timmermans.

Later heb ik dus voor het eerst een contactpersoon bij het RIAGG
gekregen. Ik stond uitgeschreven bij het PCN en moest nu maar mijn heil
zoeken bij het RIAGG.

Je noemde problemen met Flip?
Ja, die ontpopte zich tot een echte pyromaan. Als hij psychotisch was ging

hij fikkie stoken. Zijn ouders hadden ervoor gezorgd dat we allebei in hetzelfde flatgebouw op de Neerbosscheweg terechtkwamen. Hij woonde twee etages boven mij.

Hij wou een vriend van hem voor die fikkies laten opdraaien. Hij had hem een briefje geschreven met de tekst 'Jehovah neemt je beet'. Als hij psychotisch was deed hij allerlei rare dingen, zoals dat hij Beatrix de 'Hoer van Nederland' noemde.

Ik heb vier jaar lang, van 1985 tot 1989, moeten fungeren als waakhond. Zijn moeder belde me vaak op met het verzoek 'Ga eens kijken hoe het met Flip gaat'.

In 1985 had ik trouwens bij het Canisius Ziekenhuis contact met een Poolse psycholoog die me aanmoedigde om 'flinker' te worden.

Bij mij thuis heeft Flip nooit een fikkie gestookt, maar op de Neerbosscheweg wel. De rook kwam langs mijn slaapkamerraam. Er is toen een verpleger van de crisisdienst naar hem toe gegaan met de mededeling: 'Flip , jij hebt een machtiging', maar toen is Flip er vandoor gegaan. Dat was dus nogal een domme verpleger. Flip stond op de telex.

Flip had rare fratsen, zoals dat hij me midden in de nacht opbelde om naar Dukenburg te komen, een buitenwijk van Nijmegen. Ik was gewoon een slaaf van die familie. Ik moest ervoor opdraaien.

Of hij echt officieel zwakbegaafd was, weet ik niet, maar hij had nauwelijks opleiding gehad.

Hij heeft nooit een heel gebouw in de as gelegd, maar hij heeft wel een klerenkast op Opname 2 in lichterlaaie gezet. Ook wilde hij zijn eigen moeder vermoorden voor de erfenis. Dat heeft hij tot drie keer toe geprobeerd door middel van brandstichting.

Een paar jaar geleden heeft hij zijn eigen flat nog in de fik gestoken. Hij kreeg van de rechter een dwangbevel dat hij niet meer in zijn flat mocht komen.

Hoe gingen jullie met elkaar om?
Op zich mochten Flip en ik elkaar graag en hij begreep me ook goed.
Maar hij heeft me ook gechanteerd. Zijn vader had me aan de flat op de Neerbosscheweg geholpen en dus moest ik alles voor hem doen.
Ik had in de kliniek geleerd om iedereen te helpen, en daar maakten ze misbruik van. Zijn moeder zei een keer boos tegen me: 'Jij woont daar. Ik hoop dat hij het hele flatgebouw in de fik steekt.'
Ze voelde zich echt bedreigd door haar eigen zoon. Ik moest van die moeder als waakhond fungeren. De crisisdienst zei: 'Breng jij hem maar naar de dokter!', terwijl ik geen lid van de crisisdienst was en er niet voor betaald werd. Zij schoven het op mij af, is dat niet dubieus?

Die ouders hadden mij opgegeven bij de woningvereniging als vriend die toezicht moest houden op hun zoon. Daardoor kreeg ik al binnen een jaar na inschrijving die flat.

Ik werd een keer hysterisch van al die toestanden rond Flip en dat ik als waakhond moest fungeren.
Ik werd er gewoon niet goed van.

Flip kwam overigens vaak bij mij, maar ik mocht nooit bij hem komen. Hij zei: 'Als Huub aan de deur komt, bel ik de politie.' Hij beschouwde me als een handlanger van zijn moeder. Overigens wou hij ook al niet opgebeld worden door zijn moeder, want hij vond dat zij hem lastig viel.

Toen heb ik op een gegeven moment een geheim nummer genomen om niet meer steeds door die moeder opgebeld te worden. Die moeder heeft toen mijn eigen ouders opgebeld om aan mijn geheime telefoonnummer te komen, maar toevallig waren zij mijn nieuwe nummer kwijt.
De crisisdienst zanikte hierover. Ze vonden het ook al geen goed idee dat ik een geheim nummer had genomen, omdat ze me daardoor niet meer konden bereiken als Flip in een crisis zat.

Maar ik werd gek gemaakt door die vrouw. Die moeder belde me drie keer per dag op, elke dag. Dat deed ze twee keer een half jaar lang. Daar kon ze ook niets aan doen, maar ik was niet verantwoordelijk voor die jongen.
Van de crisisdienst van het RIAGG moest ik Flip naar de dokter brengen. Ze schoven hun eigen verantwoordelijkheid dus af op een medepatiënt.

Hoe is het toen met Flip afgelopen?
Hij kreeg twee keer een gedwongen opname. Hij werd opgenomen met een machtiging in het PCN en later in Groot Gaffel in Warmsveld.

Hoe ging men van de kant van de GGz met die problemen om?
Mijn toenmalige psychiater, Delahay, zei over al die toestanden: 'Het kan jou de kop kosten!'
Hij wou gewoon onvriendelijk zijn; het ging hem er niet om dat hij me zou helpen. Daarbij liep hij toevallig tegen een lamp en toen zei hij: 'Nu loop ik tegen de lamp!'

Die psychiater was totaal niet geïnteresseerd in mij of andere patiënten. Hij keek steeds op de klok als je bij hem zat. Op een dag had een iemand zelfmoord gepleegd, een Chinese jongen met een Belgische moeder die op een Indonesisch internaat gezeten had en daar sadistisch mishandeld was. Maar dat interesseerde hem helemaal niet.
Hij zei slechts: 'Het kan aan de pillen liggen als je weer in het ziekenhuis raakt. *Pillen* blijven slikken!' Dan keek hij op de klok en dan kon je weer gaan.
Soms word ik zo boos als ik aan al die RIAGG-medewerkers terugdenk. Ik zou dan wel een mitrailleur willen pakken en iedereen van de RIAGG overhoop willen schieten. Die mensen zijn nog gekker dan de patiënt. Ze vernederen je en behandelen je als een 'geval'. En ze pesten je en schrijven je de verkeerde pillen voor. De *bejegening* is niet goed, de manier waarop ze je benaderen.
Uiteindelijk heb ik het contact met Flip verbroken in die tijd, omdat ik die verantwoordelijkheid niet meer aan kon.

De hulp die men van Huub Janssen verwachtte jegens zijn medepatiënt

Flip vormt volgens mij één van de schrijnendste voorbeelden van de misstanden binnen de GGz waar Huub persoonlijk mee te maken heeft gekregen.

De problematiek rond pyromanie is voor een gemiddelde burger al nauwelijks te hanteren, laat staan dat mensen met een psychiatrische diagnose er veel raad mee zullen weten.

Het is onbegrijpelijk dat de GGz, het maatschappelijk werk en de politie hun krachten niet gebundeld hebben om Flip daadwerkelijk en daarmee structureel verder te helpen.

Natuurlijk staat dit incident niet alleen. Een vergelijkbaar verhaal in mijn naaste omgeving betreft een vrouw met een psychiatrische achtergrond die zich jarenlang bekommerd heeft om een verslaafde en dakloze vriend. Ook voor haar was dit op den duur niet te bolwerken.

Het minste wat de GGz in zulke gevallen zou kunnen doen is extra aandacht besteden aan het welzijn van de betrokken patiënten.

Hoofdstuk 7. De jaren '90

Hoe zag je leven er begin jaren '90 uit?
Ik ging regelmatig om met mensen van de Pinkstergemeente en deed in
1990 en 1991 zelfs bijbelstudie in de bibliotheek van het psychologisch
laboratorium, net als een vriend die daar bij zat.
Achteraf gezien zijn die mensen misschien wel bekrompen, bijvoorbeeld
over homoseksualiteit of ongehuwd samenwonen, maar het was er nog
altijd leuker en menselijker dan bij de GGz.

Van oktober 1989 tot februari 1991 was ik verder lid van *Lente '81*, een
hobbyclub voor alleenstaanden met een lijst van 100 namen. Er zaten
onder andere veel oudere dames bij. Maar ik heb het er wel leuk gehad.
In die tijd kende ik trouwens ook veel mensen van de mensa van de
universiteit.

Hoe kwam het dat je na verloop van tijd weer opgenomen werd?
In 1993 had ik te lijden onder de terreur of bemoeizucht van een

medepatiënte, Mevrouw Schmidt. Naar aanleiding daarvan werd ik enige tijd opgenomen in het voormalige Psychiatrisch Centrum Nijmegen (PCN), waarbij ik ingesteld werd op nieuwe medicijnen. Het medicijn impromen werkte zo verstijvend dat ik de hele tijd op de flat zat en niets meer kon.

Hoe was het contact met hulpverleners in die periode?
Ik werd slecht opgevangen door mijn toenmalige huisarts Nadja van Esch. Ze heeft iets onverstandigs tegen me gezegd, namelijk: 'Huub Janssen is zwaar', waardoor ik van slag raakte. Daardoor ben ik met haar gestopt.

Met haar opvolger, een stagiaire, een leerling-huisarts heb ik het gehad over de SOA-angsten waar ik toen mee zat. Die heeft me toen ook lichamelijk onderzocht.
Ik vond die man zo aantrekkelijk dat ik zei dat ik 'het' met hem wilde doen. Toen zei hij dat het een professioneel contact was. Hij zei overigens ook nog: 'Je bent niet goed in de bovenkamer; je hebt intensieve RIAGG-begeleiding nodig.' Naar aanleiding daarvan heb ik zelf contact opgenomen met het RIAGG, maar ze vertelden me dat het niet waar was.

In die tijd had ik Fien van Ostade als hulpverlener. Dat was een domme SPV-ster (sociaal-psychiatrisch verpleegkundige). Ze zei dat ze me uit de RIAGG zou zetten, voor de grap.

Werd je in 1993 voor het laatst opgenomen in het PCN?
Nee, in 1996 kreeg ik nog een heropname, omdat ik volgens mijn vrienden en mezelf zat te 'verhongeren, verpauperen en te vereenzamen.' Ik was broodmager, verwaarloosde mijn flat, leed aan 'ik-zwakte' en zat soms diep in de put.
Ze zeiden in die tijd: 'Huub heeft altijd de ellende in de kop', omdat ik zo kon piekeren over negatieve dingen. Mijn leven was in die tijd vooral *overleven* op een flat.

We kwamen met zijn allen overeen dat ik beschermd moest gaan wonen. Ter overbrugging werd ik opgenomen op de Beukenhoek van het PCN.

Ironisch genoeg werd een contactpersoon van de Cliëntenbond, Aart Bartels, die daaraan meewerkte, in die periode zelf ook opgenomen.

Vrienden van me probeerden me in die tijd ook te verlossen van beperkende remmingen. Ze zeiden dingen als: 'Ga naar de hoeren, ga naar de homosauna.' Het is daar trouwens best leuk in die homosauna, geen psychiatrisch gelul. Maar ik ben in er in 1991 voor het laatst geweest.

Drie vrienden brachten mij destijds in een Volkswagen naar het PCN. Eén van hen, Harm, heeft in diezelfde periode de hulpverlening in gang gezet. Hij volleybalde toevallig met iemand van de Crisisdienst van het RIAGG en die begon over het zogeheten 'Project Chronici'. Daar ben ik uiteindelijk door Harm bij aangemeld, via de toenmalige therapeute. Harm was een echte vriend van me en hij heeft veel goeds voor me gedaan. Alleen begon hij bij elk probleem al direct over het bellen van de crisisdienst. Hij was een echte regelneef.

Mijn toenmalige maatschappelijk werker Job Swerver vond dat ik beter niet meer met die vrienden om kon gaan en in plaats daarvan vrienden bij de *Phoenix* (het dagopvangcentrum) moest zoeken.

Mijn vrienden accepteerden het trouwens wel toen ik uiteindelijk niet beschermd ging wonen. Ze zeiden: "Het zijn jouw beslissingen, jij moet het bepalen."

Die opname op de Beukenhoek was geen succes. Ik was ingesteld op orap en ze wilden me doorsturen naar een vervolgafdeling. Daar was ik panisch voor en toen besloten ze dat ik weer naar huis mocht.

Het beschermd wonen ging uiteindelijk definitief niet door, ook al was er al wel een intakegesprek geweest bij de RIBW (Regionale Instelling voor Beschermd Wonen). Dit kwam omdat ze vonden dat ik er koken moest leren. Ik was het daar niet mee eens.

Huisarts Meersen, die ik tot zijn pensioen heb gehouden, zag me niet als een afgeschreven geval. Hij zei: 'Jij redt het.' Hij had me al vaak gezegd: 'Wat heeft het RIAGG je nog te bieden?' De huisarts nam me overigens niet serieus in mijn lichamelijke klachten en vond dat ik te vaak kwam terwijl dat maar één keer per maand gebeurde. Hij zei zelfs: 'Het moet ophouden.' Ik had met name een SOA-neurose. Ik was dus bang een SOA op te lopen.

Waarom kwam je uiteindelijk niet terecht bij de RIBW?
Omdat ik mijn vrijheid terug wou; ik besefte dat echt.
Tijdens de opname op Beukenhoek, vond ik ook dat de mensen te dicht op elkaar zaten.
Er zat trouwens ook een vrouw die steeds bedelde om sigaretten, een storend fenomeen dat ze wel eens 'psychiatrisch bedelen' noemen.

Kreeg je verder nog wel hulp?
Na mijn opname op de Beukenhoek kreeg ik een nieuwe psychiater, Pieter van het Licht. Hij heeft mij allerlei nieuwe medicijnen laten slikken. Hij had een soort pillentik en wou alles uitproberen.
Ik kreeg in de loop der tijd zeven verschillende soorten medicijnen: impromen, risperdal, ziprexa, serdolect (waar mensen wel eens aan stierven), orap, dogmatil, seroquel (toen ging ik blote mannen zien en schimmen) en hij wou me zelfs het levensgevaarlijke leponex voorschrijven, maar daar heb ik een stokje voor gestoken.

Hij was echt mesjogge. Als ik een echte boktor [een soort kever] zag in de hal van mijn flat, dacht hij dat het een waan was.

Je kon er geen contact mee krijgen, je kon er niet mee communiceren. Hij had altijd maar tien minuten tijd. Het ging alleen over de pillen.
Bij het laatste gesprek zei ik: 'We hebben ook goede gesprekken gehad' en toen zei hij: 'Hou het bij christenen, zoals Johan Timmermans'.

Ik zei: 'Ik word zwerver', en toen zei hij: 'Ik word ook zwerver.'
Hij zei ook allerlei lelijke dingen tegen me zoals 'Jij bent een gevaar voor je omgeving' en 'Jij bent een oen', waarop ik antwoordde: 'Dat zijn we dan met zijn tweeën.'

Ik vond hem een enge man, waar ik geen vertrouwen in had. Ik zag hem als een gangster van de
pillenmaffia.
Men zei in die tijd in mijn naaste omgeving ook over de hulpverleners die ik had: 'Die nephulpverleners!' De hulpverleners waren in het algemeen 'RIAGG-routiniers' met standaardformules die al dan niet van toepassing zijn.

Ik vroeg aan mijn toenmalige huisarts, Nadja van Esch: 'Kan ik niet van die man verlost worden?' Zij reageerde met de woorden: 'Dan pakken ze je op!' Ze vond het te ingewikkeld om mij zelf mijn medicijnen te verstrekken, in plaats van dat door de psychiater te laten doen.

De maatschappelijk werker uit die tijd was drs. Job Swerver. Hij zei onder andere: 'In de psychiatrische wereld krijg je begeleiding' (van medepatiënten bedoelde hij).

Als positieve herinnering aan die tijd weet ik nog dat ik wel eens met jou, Titus, je hondje Takkie en vrienden naar het circus ben gegaan.

Was er nog wel eens sprake van een nieuwe opname?
Toen ik in 1999 door de pillen heen was, raakte ik overstuur. Vrienden van

me dachten toen zelfs dat ik zelfmoord wilde plegen. Zij dachten dat ik opgenomen moest worden, omdat ik een soort gewonde aap was. Ik hoefde niet opgenomen te worden, maar moest gewoon weer orap krijgen.

In 1999 ben ik wel nog vijf dagen opgenomen op de Posthoorn omdat ik schimmen en blote mannen ging zien. De crisis was al voorbij toen ik er zat, dus het was zinloos. Toen kreeg ik dogmatil toegediend, want het ging om bijverschijnselen van het middel Seroquel dat ik ging gebruiken. Ze probeerden in die tijd alles op te lossen met pillen. Dat gold vooral voor mijn psychiater.

Maar je kreeg dus wel een soort hulp?
Nou, vanaf 1997 heb ik op psychiatrisch gebied veel ellende gehad met nephulpverleners, Job Swerver en Pieter van het Licht. Ze hebben me tegen mijn wil gesprekken opgelegd, net gedaan alsof er een crisis was, me bedreigd met de Posthoorn, me uitgemaakt voor clochard, 'randdebiel' (Job Swerver) en tbr-klant.
Mijn 'zwager', of preciezer gezegd een man die getrouwd is met mijn stiefzus, had gezegd dat ik een debiel was tussen de zwakzinnigen en het eindigde volgens hem met zelfmoord. Job Swerver zei toen dat ik geen debiel was maar een *rand*debiel. Dat was een ongepast grapje van hem.

In 2002 kreeg ik een arts-assistent van het RIAGG en vervolgens een andere psychiater, Ivo Patiënt. Van het Licht ging naar een ander team in die tijd.

In 2000 ging Job Swerver weg, en toen stopte ik ook met jou, Titus, omdat we steeds ruzie kregen, vooral doordat ik je onvoldoende vertrouwde in die tijd.

Toen kreeg ik SPV-ster Petra Jansen, terwijl men in mijn naaste omgeving al had gezegd: "Ga niet in zee met die Petra Jansen, want het kan een stuk onbenul zijn." Maar ik ben zo stom geweest om dat toch te doen.
Ik kan me niet veel herinneren van die begintijd met Petra Jansen.

Het was geen gemakkelijke tijd, neem ik aan.
Ik was nog heel onzeker en ik werd veel gepest door mensen van de Phoenix. De hele Phoenix was toen een club van etterkousen, dus wel beduidend anders dan nu.
De ergste was wel ene Ferdy van Oss die nu op de verblijfsafdeling zit. Hij belde me om de haverklap op.

Ik werd trouwens vaak opgebeld door mensen van de Phoenix en daar kon ik niet goed tegen. Ze belden midden in de nacht op en zo. Ik was een soort praatpaal. Als alle 'gekken' van Nijmegen mij gaan opbellen, heb ik geen leven meer. Ik weet niet waarom ze uitgerekend mij moesten bellen. Ik was niet assertief genoeg en ze hadden me aangepraat dat ik alle 'zwakke broeders' moest helpen.
Ik was trouwens niet de enige.

Toen ben ik gevlucht naar de Stadshobbywerkplaats waar ik ging zagen met de zaagmachine en breien. Na een half jaar ben ik toch weer terug gegaan naar de Phoenix. Het was toen een stuk rustiger geworden.

Rond die tijd heb ik ook ruzie gehad met Hans Tichelaar. Hij maakte lompe grappen over Soa's en HIV en daar kan ik niet tegen. Ik heb toen zelfs een half jaar hysterisch rondgelopen.
Uiteindelijk heb ik gebroken met Hans en dat ging gepaard met een soort wraakactie van hem in de vorm van een vernietigende brief, waarin hij me toewenste dat ik op een verblijfsafdeling zou belanden waar de medepatiënten me kapot zouden maken.

In de tussentijd heb ik ook nog dokter Van Leeuwen gehad, voor Van het Licht, daarna kwam er een arts-assistent. Met Van Leeuwen heb ik gepraat over de SOA-neurose die ik in die tijd had.
Die arts-assistent heeft mijn vriend Paultje niet willen helpen toen hij een keer psychotisch was geworden.

Dr. Ivo Patiënt heeft het qua medicatie aardig rustig gehouden, terwijl die Van het Licht me als een soort afstudeerproject beschouwde, als een soort

74

proefkonijn. Die Van het Licht zei: 'Welke pillen moet je dan hebben?'

Heb je je daar niet tegen verzet?
Nee. Ik had zelfs die orap niet willen hebben, die ik nu heb, omdat ik er in
het begin vreselijk passief van werd. Ik vond het een vreselijk medicijn,
hoewel je er wel ontspannen van wordt. Maar inmiddels ben ik er wel aan
gewend, ook al heb ik er wel een antidepressivum bij nodig.

Hoe sta je tegenwoordig in het algemeen tegenover medicatie?
Ik ben er aan verslaafd geraakt. Vroeger was ik een tijd gestopt met de
medicatie, maar sinds Venray durf ik niet meer te stoppen, omdat ik bang
ben dat ik compleet doordraai.
Ik ben van plan om de rest van mijn leven deze medicijnen te blijven
gebruiken en dat niet meer te veranderen, ook niet qua dosering.

Ik zou bijvoorbeeld ook geen nieuwere middelen durven proberen, omdat
ik bang ben dat ik dan weer weken opgenomen moet worden of zo om dat
nieuwe middel uit te proberen, en in het algemeen ben ik bang weer in
aanraking te komen met die GGz.

Medicatie vind ik inmiddels niet meer zo'n belangrijk thema. Het hoort er
gewoon bij, ik verzet me er niet meer tegen en heb aanvaard dat ik
medicijnen gewoon nodig heb.

Wanneer ontmoette je beste vriend Paultje?
Rond 2000 raakte ik close bevriend met hem, hoewel ik hem al eerder
kende van de Phoenix. Ik nam de verkeerde bus en toen had ik het over de
buitenlandse vrienden van jou, Titus. Daar moest hij om lachen; dat vond
hij leuk. Kort daarna is hij een keer niet binnen gelaten door een vriendin
van hem en dat is hard aangekomen zodat hij steun zocht bij mij. Ik heb
hem toen bij mij binnen gelaten en hij heeft uiteindelijk jarenlang bij mij
gelogeerd.

Hij was de eerste normale vriend binnen de psychiatrie die niet gestoord
was. Hij werd vroeger wel eens psychotisch van het roken van hasj, maar

tegenwoordig niet meer. Ik ga zelfs wel eens hasjmix voor hem halen zodat hij zich wat beter kan ontspannen.

Met Paultje heb ik mijn hele huis opgeruimd en we zijn vaak boodschappen gaan doen. Het groeide uit tot een mooie, echte vriendschap. Hij is mijn beste vriend. Paultje is echt een goede man en hij heeft veel respect naar mij toe.

Ik val op jongemannen maar ik wil er niets mee beginnen. Ik voel niets voor vluggertjes en ben gelukkig met mijn relatie met Paultje. Dat is genoeg wat dat betreft.

Ik heb ook goed contact met de familie van Paultje en ga om met zijn kinderen als een soort ome of oudere vriend. Dat gaat allemaal hartstikke leuk. Ik voel me echt een beetje opgenomen in die familie.

Je kreeg er een soort familie bij?

Ja. Wat mijn echte familie betreft voel ik me soms verlegen, omdat ze een hogere status hebben dan ik. Bijvoorbeeld mijn nichtje Hannie Schaaf, die onder andere de directeur van de Sociale Dienst is geweest. Dus dat ik niets voorstel maatschappelijk gezien, en zij wel, dat ik haar daarom uit de weg ga.

Met mijn moeder had ik niet zo'n beste band, omdat ze nogal ziekelijk was. Er was wel een bepaalde band; ze raakte overstuur als ik problemen had. Maar ze kon me niet helpen. Ze heeft wel van me gehouden. Ik heb haar een dag voordat ze overleed nog aan de telefoon gehad. Ik ben toen ze in Venray zat ook wel bij haar op bezoek geweest.
We hebben op het eind van haar leven nog wel gesprekken met elkaar gehad.

Mijn vader was meer bij me betrokken dan mijn moeder, hij was echt met me begaan. Daarom ging hij ook zo tekeer tegen mij. Hij vond het echt gevaarlijk om in homoseksuele kringen te verkeren. Het is in feite ook echt waar dat er moord en doodslag in voorkomt, namelijk van de kant van homo-haters. De homofiele dominees in Frankrijk, die worden wel vermoord, hè.

Huub Janssen heeft in de jaren '90 heel wat te stellen gehad met hulpverleners van de RIAGG. Hoe moeilijk het is om hier je beklag over te doen, lezen we bij Saar Roelofs, in haar eerder genoemde boek *Niet Storen* (blz. 113-114):

"Wanneer een cliënt niet tevreden is over een behandeling, is de hulpverlener niet geneigd de klachten serieus te nemen. Er staan de hulpverlener uiteenlopende mogelijkheden ter beschikking om de klachten naar de cliënt terug te spelen. Zo kan hij menen dat de ontevredenheid van de cliënt een onderdeel is van de psychische problemen waarmee de cliënt in therapie kwam. Als de cliënt bijvoorbeeld klaagt over de houding van de hulpverlener, kan de hulpverlener zeggen dat er sprake is van *overdracht*. In theorie betekent 'overdracht' dat de cliënt – zonder dat hij zich daarvan bewust is – tegenover de hulpverlener gevoelens koestert alsof die hulpverlener iemand anders is met wie de cliënt vroeger vertrouwd was.
Bijvoorbeeld een vrouwelijke cliënt gedraagt zich tegenover een mannelijke hulpverlener alsof die hulpverlener haar vader is. Als die relatie niet goed was, kan de cliënt zich bij de hulpverlener onprettig, aangevallen, genegeerd enzovoort voelen. Met andere woorden, als deskundige heeft de hulpverlener de mogelijkheid om de klachten van de cliënt 'psychologisch' te verklaren.
'Ageren' is een vorm van overdracht waarbij de cliënt – zonder dat hij dat zelf beseft – in de hulpverleningssituatie verdrongen of onbewuste herinneringen opnieuw ensceneert oftewel herhaalt. In de praktijk heeft het woord 'ageren' de betekenis van 'wangedrag' gekregen. 'Ageren' als verklaring voor de klachten van de cliënt is daarom des te pijnlijker voor de cliënt. Stel, een cliënt klaagt over de riagnose [een pseudo-diagnose

van het RIAGG] 'hysterie' en de hulpverlener meent dat de cliënt 'ageert'. In dit geval protesteert de cliënt terecht tegen een in onbruik geraakt psychiatrisch etiket, terwijl de hulpverlener meent dat de cliënt zich misdraagt.

Als de cliënt het niet eens is met de hulpverleningsmethode, kan de hulpverlener ook menen dat er
- in plaats van ontevredenheid over de behandeling - sprake is van *weerstand*. 'Weerstand' is een blokkade in de therapie die voortkomt uit de angst dat er pijnlijke gevoelens worden losgemaakt.

Voor een ontevreden cliënt die het hulpverleningsjargon niet kent, is het moeilijk om de vinger op de zere plek te leggen. Bovendien staat de cliënt machteloos tegenover dergelijke interpretaties van zijn klachten: of een bepaald gedrag voortspruit uit onbewuste motieven, is noch te bewijzen noch te weerleggen. De cliënt kan er niets tegen inbrengen.

De hulpverlener kan de klachten van zijn cliënt ook naast zich neerleggen door te beweren dat de cliënt 'niet gemotiveerd' is voor therapie. Of hij waarschuwt de cliënt dat de klachten niet over zullen gaan als hij geen vertrouwen heeft in de hulpverlener. En tenslotte kan hij de klagende cliënt uitleggen dat deze geen inzicht heeft in de gehanteerde hulpverleningsmethode: "U begrijpt me niet goed. Deze aanpak hoort nu eenmaal bij de therapie."

Zo heeft de hulpverlener altijd gelijk. De klachten keren bij de cliënt terug als een boemerang."

Hoofdstuk 8. Petra Jansen

Je hebt me verteld dat Petra Jansen echt een obsessie voor je is geweest.
Hoe zit dat?
In die tijd (rond 2002) was ik een slaaf van de psychiatrie. Ik ging uit
onwetendheid en onzekerheid toch maar in zee met de nieuwe SPV-ster,
Petra Jansen.
Ik had intussen mijn vriend Paultje ontmoet. Hij wilde met me gaan
samenwonen, maar dat durfde ik zelf niet aan.

Door het contact met die Petra Jansen liep ik een zware dwangneurose op
rond uitspraken van haar. Ze zei bij het eerste gesprek, onder andere: 'Ik
ken je van de Posthoorn, de pillen moeten omhoog.'

Maar de ergste uitspraak was wel de hysterische kreet: 'Verwaarlozing!
Dakloos worden!' toen ik haar een keer had opgebeld. Ik gooide van
schrik meteen de hoorn op de haak. Helaas vatte ik haar woorden zo op

dat ze er op uit was mij op straat te zetten. Terwijl ze waarschijnlijk gewoon een beetje overspannen was en me er daarom op een nogal onhandige, cryptische manier toe probeerde aan te zetten om mijn uiterlijk of mijn flat wat beter bij te houden.

Ze heeft ook wel eens positieve dingen gezegd, maar daarmee maakte ze zich eigenlijk vooral af van mijn hulpvraag. Ze had niets te bieden.

Andere uitspraken waren bijvoorbeeld: 'Als je wat oploopt van Hein van Nimwegen, moet je de consequenties maar aanvaarden. Die jongen kan van alles onder de leden hebben.'

Zulke nare uitspraken had ik bijna nooit eerder gehoord, behalve dan een soort flauwe grappen van hulpverlener André van Duyn destijds, zoals: 'Als je de suikerpot steelt, dan geef ik je aan bij de politie.' Volgens hem was het bekend dat psychiatrische patiënten dingen stalen.

Ik kon niet tegen dat soort grappen. Hij zei ook: 'Dát uiterlijk en díe gegevens', waarmee hij impliceerde dat ik een verblijfspatiënt was met het uiterlijk van een zwerver, dat wil zeggen verwaarloosd en dakloos.

Later heb ik mijn gal gespuwd over Van Duyn tegenover zijn baas, maar die vond dat ik beschermd moest gaan wonen, omdat ik daarbij zei dat je 'genaaid' werd bij het RIAGG.

Mijn toenmalige (en laatste) psychiater Ivo Patiënt zei: 'Dat is *zorg*' en: 'Ze lopen met een grote boog om je heen! Oppassen dat je niet dakloos wordt! Terug naar die Petra Jansen!'
Hij zei aanvankelijk dus ook dat ik echt bij Petra Jansen moest blijven en moest zorgen dat ik niet dakloos werd. Ivo Patiënt dacht namelijk evenzeer dat ik het niet zou redden op mijn flat.
Terwijl Ivo Patiënt en Petra Jansen me niet eens kenden. Hoe weten ze dat dan?

Ik dacht toen dus echt dat ze me de goot in wilden hebben. Maar ik weet nu dat ze het gewoon uit het handboek hadden gehaald, mede aan de hand van mijn dossier.

Later, toen ik wegging bij de psychiatrie, in februari 2007, had ik een gesprek met Ivo Patiënt waar jij, Titus, bij was. Hij heeft toen met zoveel woorden toegegeven dat het niet waar was dat ik dreigde dakloos te worden. Hij gaf toe dat de uitspraken van Petra Jansen gewoon totaal niet van toepassing waren geweest.

Kort na de telefonische uitspraken van Petra Jansen was ik echt agressief geweest, ook tegen Ivo Patiënt. Ik zei onder andere: 'U bent een gekke psychiater, en ik heb niets met u te maken.' Hij concludeerde toen direct: 'Hij is psychotisch.' Ik zei toen: 'U bent van de maffia.' Hij antwoordde: 'Ja, ik ben Al Capone.' Maar goed, Ivo Patiënt had wel een verkeerd beeld gekregen van mij, omdat ik zo agressief was geworden door dat trauma. Hij kende me van tevoren ook helemaal niet.

Barbara van de Phoenix zei er later over: 'Geklets, het is niet van toepassing, leg het naast je neer.' Paultje zei: 'Het is niet aan de orde.'

Ik ben overigens goed opgevangen door vrienden, namelijk David Slaghers, Paultje en Henk van Binnen. Die Henk zei: 'Je bent overmatig als patiënt behandeld' en: 'Het is quatsch wat die mevrouw zei.'

Die uitspraken van Petra kwamen hard aan.
Ja, ik raakte in een paniekaanval die een half jaar duurde. Sindsdien ben ik er al bijna zes jaar mee bezig geweest als ik alleen thuis was. Ik had dwanggedachten over het zinnetje (*Verwaarlozing! Dakloos worden!*). Het bleef de hele tijd maar malen in mijn hoofd. Dat kwam omdat ik bang was dat ik echt mijn vrije leventje op mijn flat zou verliezen en op straat zou belanden. Ik maakte de denkfout dat Petra Jansen me dat echt toewenste en dat ze het wat haar betreft ook zou bewerkstelligen.

Wel ben ik hersteld van die overspannenheid en daar ben ik erg dankbaar voor. Ik ben er nu ook achter dat haar agressieve, hysterische gedoe echt niet normaal is. David Slaghers zei: 'Ze heeft je op een verkeerde manier begeleid. Ze is incapabel en incompetent.'

Dat ze incompetent was, heb ik een keer ingesproken op de voicemail van de GGz. Ik denk dat ze geen al te hoog IQ heeft, want ze begreep niet eens wat schizofrenie volgens het handboek inhoudt of hoe een psychose kan ontstaan. Een ander intellectueel niveau dan ikzelf. Ze paste gewoon niet bij mij; ze was een trutje.

Ik ben tegenwoordig zo blij voor mijn zegeningen. Jij, Titus, had al eerder gezegd dat ik mijn heil niet primair moest zoeken bij de RIAGG (die was er hoogstens ter ondersteuning), maar bij mijn vrienden en bij leuke, zinvolle activiteiten.

Petra Jansen was zeker wat de laatste jaren betreft echt het dieptepunt wat betreft de therapeuten die ik heb gehad. Dat ik het overleefd heb en niet bijvoorbeeld zelfmoord heb gepleegd. Ik heb na het traumatische contact over de telefoon nog drie maanden contact met haar gehad.

Ze onderkende niet dat ze me getraumatiseerd had. Na drie maanden zei ze domweg: 'Dat is al zolang geleden.'

Ook had ik een keer een dag mijn pillen niet ingenomen en toen begon zij meteen over een psychose. Toen heb ik haar voor *tyfushoer* en voor *zeiktrut* uitgemaakt en toen zei ze: 'Het is niet aan de orde, het is de bedoeling dat ik je ondersteun. Met andere dingen bezig zijn.'

Maar dat van: 'Verwaarlozing! Dakloos worden!' begreep ze niet; dat kon ze niet volgen. De ene keer zei ze dat ze het niet gezegd had, de andere keer dat het al lang geleden was. Ze heeft ook niet uitgelegd wat ze ermee bedoelde.

Vreemd genoeg heeft ze ook wel eens goede dingen gezegd. Bijvoorbeeld over een vriend, die zich opwierp als psychiatrisch deskundige, terwijl hij dat niet was. Ook zei ze dat ik geen zwerver was.

Heb je nog gesprekken met haar?

Nee, het contact met Petra Jansen werd definitief door mij beëindigd, omdat een vriend, David Slaghers, van me verlangde dat ik met haar brak of anders niet meer met hem over haar praatte.

Ik moest trouwens echt van me afbijten, want Petra Jansen wou me vasthouden. Het was allemaal nog zo erg niet, wat zij zei. Ze wou blijven komen, want: 'Klant is koning!' Ik heb toen nog één afspraak met haar gemaakt, maar die heb ik telefonisch afgezegd via haar secretaresse.
Ze heeft me daarna nog een keer gebeld, bijna een jaar na het rampzalige zinnetje dat in mijn kop sloeg als een dwanggedachte. Met de woorden: 'Met Petra Jansen'; ze wou weer contact hebben. Ik zei slechts: 'Ik leg de telefoon neer' en deed dat ook echt. Daarmee was de kous af.

Ivo Patiënt probeerde me daarna onder druk te zetten om terug te gaan naar Petra Jansen. Maar uiteindelijk werd ik toch milder tegenover hem, doordat ik bevrijd was van die contacten met Petra Jansen. Daardoor werd hij ook fatsoenlijker tegenover mij; hij behandelde me beter.

Ik ben gewoon als een psychiatrisch geval, als een *nummer* behandeld door de GGz.

In haar boek *Niet Storen* zegt Saar Roelofs het volgende over de manier waarop RIAGG-medewerkers elkaar de hand boven het hoofd kunnen houden (blz. 44-45):

"Wat doet een hulpverlener als een collega zijn boekje te buiten gaat? Een enquête onder psychologen leert dat hulpverleners niet zo heldhaftig zijn. (...) "Het zijn toch je collega's?" "Het blijft je familie." Solidariteit is het motto. Niemand wil een *matennaaier* zijn. En het eigenbelang komt om de hoek kijken. "Je komt elkaar tóch weer tegen."
Collega's houden elkaar de hand boven het hoofd. Ook bij de beroepsverenigingen. De Nederlandse Vereniging voor Psychotherapie (NVP) en het Nederlands Instituut van Psychologen (NIP) hebben de meldingsplicht bij overtreding van de beroepscodes uit hun reglement geschrapt. Aan 'nestbevuiling' doen we niet."

Hoofdstuk 9. Op eigen benen

Hoe is het verder gegaan?
Ik had eerst een telefoongesprek met David Slaghers en later kwam hij op bezoek om met me te praten. Het ging om slachtofferhulp in verband met mijn trauma en mijn dwanggedachten.

Hij hielp me goed omdat hij zei dat hij zelf ook al jaren dwangmatig was. Hij zei: 'Je moet de gewone maatschappij in, je moet niet levenslang in het ziekenhuis blijven.' Hij zei ook: 'Echtscheiding van de psychiatrie! Daar ben je niet voor geboren. Dat psychiatrisch geleuter. Laat die juffrouw lopen; ze zijn God niet.'

Een tijdlang was ik erg agressief tegenover de GGz. Ik had het bijvoorbeeld over 11 september nadoen met een vliegtuigje gericht tegen het PCN.

Ook de medewerksters van de thuiszorg, met name Anja Wolters en Ida de Werff boden me jarenlang een luisterend oor over dit onderwerp. Anja zei: 'Die engerd van de GGz heeft je in de put geholpen met die rare uitspraken. Het is raar gewauwel. Het zinnetje gewoon laten gebeuren, gewoon laten komen.' Bobby Lenders zei: 'Ene oor in, andere oor uit.' Mijn huisarts Meersen zei: 'Het zijn oude koeien, gooi die Petra Jansen het raam uit.'

Ben je er inmiddels wel helemaal overheen?
Het zinnetje is nog steeds niet weg nu we hier over praten [eind 2007]. Als ik alleen ben, gaat het zinnetje met me op de loop. Alleen dromen doe ik er niet over. Ik kan niet zo goed meer alleen naar de radio luisteren, omdat dat zinnetje dan alles overheerst. Het is die irreële angst om op straat te komen; ik ben bang om een zwerver te worden.

Anja Wolters zegt: 'Ze kennen je niet, ze moeten niet zo met je omgaan.' Ida van de Thuiszorg zegt dat het een te harde aanpak is. David Slaghers zegt: 'Te hardvochtig.' Mevrouw van Winschoten zei: 'Die vrouw is niet wijs, daar knap je niet van op!'

Er is sprake van een echt Petra Jansen-syndroom, maar toch heb ik een fijne relatie opgebouwd met Paultje. Er zijn inmiddels geen echte paniekaanvallen meer zoals in het begin, maar het zinnetje is gebleven.

Wat typisch dat die Petra je daarin niet beter begrepen heeft!
Ja, het is eigenlijk altijd zo dat je niet door een instantie wordt geholpen maar particulier. Job Swerver had gelijk dat ik veel heb aan contacten met lotgenoten.

Maar dat betekent natuurlijk niet dat ik alleen met medepatiënten om kan gaan. De beste psycholoog die ik ooit heb gehad, Pierre Trooma, ging daar te ver in door jaren geleden een keer te stellen dat ik alleen met medepatiënten goed contact kon krijgen.

Zijn er sindsdien dingen veranderd in de hulp die je krijgt?
Met psychiater Ivo Patiënt had ik na de breuk met Petra Jansen in 2003 geen psychiatrische gesprekken meer. Het contact draaide alleen nog om de pillen.

Mijn vriend Paultje zorgde ervoor dat ik nog maar één keer per jaar naar de psychiater hoefde, door te vragen of het niet wat minder kon. Dat kon, één keer per jaar. Er was toen zelfs al sprake van dat het via de huisarts kon. Tot dan toe had ik Petra Jansen nodig voor de recepten voor de medicatie. Dat ging via haar.

Toen ik Petra Jansen niet meer had, ging Ivo Patiënt fatsoenlijker met me om.
Tot dan toe dacht hij ook dat het zinnetje 'Verwaarlozing! Dakloos worden!' echt van toepassing was. Hij dacht dat ik het niet zou redden.

Dus je kreeg meer vrijheid?
Ja, door het contact met de GGz kon ik me niet losmaken van de psychiatrische gedachtewereld. Ik zat dag en nacht met psychiatrie in de kop. Terwijl zo'n professionele kracht zelf wel afstand kan nemen. Nu kunnen dat soort enge, nare en traumatische situaties gelukkig niet meer gebeuren.

Hoe is het verder met je gegaan de afgelopen paar jaar?
In 2006 heb ik een tijdlang een dakloze vrouw met een alcoholprobleem opgevangen die tot dan toe werd geholpen door een vriend van me. Ze was niet onaardig, maar ze domineerde me wel. Ze wou steeds bier en shaggies van me en had geen eigen inkomen.

In februari 2007 ben ik gestopt met de GGz. De invloed van de GGz is trouwens al vanaf 2002 verwaterd, want de gesprekken met Ivo Patiënt stelden niets voor. Die draaiden alleen maar om het recept.

Sindsdien ben ik veel met een vriend naar de katholieke kerk geweest en heb met priesters gepraat. Ik heb veel steun aan mijn vrienden en de lotgenoten en begeleiders van de Phoenix, maar niet aan de GGz. Ik vraag me wel eens af hoe dat komt. Misschien ligt het eraan dat ze zich beter kunnen inleven.

De gewone maatschappij, de mensen om me heen, zijn positief.

Alleen heb ik mijn hobby's te weinig kunnen ontwikkelen door die dwanggedachte steeds. Mijn grootste hobby is koningshuizen en daar heb ik wel eens naar gegoogled op de Phoenix. Maar als ik alleen thuis zit, kom ik te weinig tot dingen die ik leuk vind. Ik word dan teveel in beslag genomen door het zinnetje van Petra Jansen dat ze destijds lelijk en met een krakende stem door de telefoon schreeuwde. De stuipen op het lijf, dat spook. Maar ik geloof nooit dat ze me had willen pesten.

En wat betreft het contact met je familie?
De band met mijn vader is verbeterd toen hij na het overlijden van mijn moeder hertrouwde met Henny Baum.

Mijn vader is op de leeftijd van 86 van ouderdom overleden, op mijn eigen verjaardag, 19 december 2006. Hij was dementerend. Tijdens het laatste telefoongesprek kende hij me niet meer.

De begrafenis was een paar dagen later in Swalmen. Daar was ook de derde partner van mijn vader bij, Mia van Winschoten, de voormalige weduwe van een politieadjudant. Ik wil contact met haar houden.

Binnen mijn familie had ik ook nog wel eens telefonisch contact met een negentigjarige tante, Tante Toos.

Ik heb nu welbeschouwd een positief leven en wil nooit meer terug naar die psychiatrie. Zoals het mij gegaan is, zo moet het niet in de psychiatrie, met al die opnames. Je kunt nog het beste een keer goed één opname hebben en daardoor opknappen. En daarna dan ook nooit meer terug naar die psychiatrie!

Fragmenten van een artikel van psycholoog Jan Derksen uit het NRC Handelsblad van 22 juli 2008 getiteld *Markt en ziel gaan niet samen*:

"Dat de kwaliteit het loodje heeft gelegd blijkt onder meer uit het feit dat het verleden van de persoon met een stoornis buiten beschouwing wordt gelaten. Snelheid, efficiëntie en controle: daar draait het om.

Psychodiagnostiek en psychopathologie zijn met behulp van de fameuze DSM (Diagnostic and Statistical Manual of mental disorders) verworden tot classificatie, ordening van de buitenkant zonder enige betekenis voor een diepgaande behandeling en zonder enig inzicht in de werkingsmechanismen van stoornissen. Dezelfde wetenschappelijke ontwikkelingen hebben behandelprotocollen gefabriceerd die de behandelaar reduceren tot een technicus in plaats van een clinicus."

"De complexiteit die eigen is aan psychische stoornissen en aan de behandeling is volledig van tafel verdwenen en krijgt ook in de opleiding van jonge professionals nauwelijks een kans.

Behandelingen worden gegoten in de beruchte DBC's (diagnose behandelcombinaties) waarmee ten onrechte de schijn wordt gewekt dat psychische stoornissen net zo helder zijn vast te stellen en te behandelen als een blindedarmontsteking."

"De psychologen, psychotherapeuten en psychiaters die aan deze ontwikkelingen meewerken en het moderne jargon van sommige onderzoekers, van veel managers en van alle verzekeraars tot het hunne hebben gemaakt, helpen de kwaliteit verminderen."

"In de klinische praktijk is de (ouderwetse) psychotherapeut vaak bezig met mensen te helpen in het leren omgaan met hun leven. Dat kost tijd. In de psychotherapeutische context gebeuren bij voortduring onverwachte dingen; de patiënt kan zich op allerlei momenten heel anders tonen dan gezien vanuit de DSM classificaties en hierop voortbordurende behandeling voor mogelijk kon worden gehouden. De flexibele psychotherapeut neemt hiervoor de tijd."

"Het moge duidelijk zijn: de patiënt met een echte psychische stoornis is de dupe."

www.ingramcontent.com/pod-product-compliance
Lightning Source LLC
Chambersburg PA
CBHW022030090426
42739CB00006BA/363